FERNAND LABOUR

M. DE MONTYON

D'APRÈS DES DOCUMENTS INÉDITS

> Quidquid ex illo amavimus, quidquid
> mirati sumus, manet.
>
> (Tacite, in *Agricola*.)

PARIS

LIBRAIRIE HACHETTE ET Cie

79, BOULEVARD SAINT-GERMAIN, 79

—

1880

M. DE MONTYON

FERNAND LABOUR

M. DE MONTYON

D'APRÈS DES DOCUMENTS INÉDITS

Quidquid ex illo amavimus, quidquid
mirati sumus, manet.

(Tacite, *in Agricola*.)

PARIS

LIBRAIRIE HACHETTE ET Cⁱᵉ

79, BOULEVARD SAINT-GERMAIN, 79

1880

AVANT-PROPOS

Sur un coteau voisin de la ville de Meaux se trouve la vieille demeure des Auget, seigneurs et barons de Montyon. Le dernier Auget qui habita le logis patrimonial fut le fameux philanthrope. Ceux qui m'ont précédé ont vécu près de lui. On ne s'étonnera donc pas que j'aie voulu, suivant la belle expression du poëte anglais [1], « me recueillir et lier entretien avec cet illustre mort. » C'est le résultat de cet entretien que je livre à la publicité. Je ne pense pas avoir diminué la personnalité de M. de Montyon en la faisant mieux connaître.

FERNAND LABOUR

Saint-Pathus, octobre 1880.

---

[1] Thomson, *Poëme des saisons*, Hiver, 431-432.

M. DE MONTYON

CHAPITRE PREMIER

LA FAMILLE

L'orthographe du nom. — Le titre et les armes. — Peu
d'importance du titre dans l'ancienne société. — Les
grandes familles parlementaires — Les origines et les
alliances de la famille Auget. — La Chambre des
comptes. — La belle Marie Pajot, marquise de Lassay.
— M. et Mme de Fourqueux : M. de Fourqueux, ministre ; Mme de Fourqueux, auteur de romans. — Les
Trudaine.

Antoine-Jean-Baptiste-Robert Auget de Montyon, chevalier, seigneur baron de Montyon,
naquit à Paris le 23 décembre 1733.

Les nombreux documents notariés que j'ai
consultés m'ont permis de restituer ainsi et
avec certitude au célèbre philanthrope les noms
et prénoms qui étaient les siens. Son prénom
d'Antoine est généralement omis par ses biographes ; son nom patronymique d'Auget est
souvent orthographié Auget ou Auger ; enfin

son nom seigneurial est souvent écrit Monthyon au lieu de Montyon. Cette dernière erreur
s'explique par ce fait que le village qui porte
ce nom s'écrit aujourd'hui Monthyon ; mais jamais M. de Montyon n'a intercalé la lettre *h* au
milieu de son nom, ainsi que j'ai pu m'en convaincre par les signatures émanées de lui que
j'ai eues sous les yeux [1].

Quant au titre de baron, il me semble que
cette qualification nobiliaire, que j'ai cru devoir
lui maintenir, est un peu entachée d'irrégularité.
Je m'explique.

C'est par lettres patentes en date du 14 juillet
1654 que le roi érigea en baronnie la seigneurie
de Montyon-en-Brie. Or à cette époque Montyon
n'avait pas pour seigneur un membre de la
famille Auget, puisque ce n'est qu'en 1709 que
cette terre fut acquise par Jean Auget, seigneur
de Boissy. Jamais les terres titrées n'ont donné
le droit à leurs possesseurs de prendre le titre
qui y était attaché. Jamais ils ne devenaient

1. M. le chanoine Denis, de Meaux, n'accepte pas l'orthographe que nous avons choisie, bien qu'elle soit celle
adoptée par le célèbre philanthrope lui-même. Nous persis-
tons dans le choix que nous avons fait, et nous laissons à
M. de Montyon la responsabilité de la suppression dans son
nom de la lettre *h*.

comtes ou barons d'une terre érigée en comté ou en baronnie pour une autre famille que la leur ; ils étaient seulement seigneurs du comté ou de la baronnie de [1]... Il est vrai qu'une confirmation royale aurait pu intervenir ou de nouvelles lettres patentes être octroyées.

En ce qui concerne M. de Montyon, je n'en ai retrouvé nulle trace ; mais la chose est sans intérêt, et c'est pour être tout à fait exact que je lui ai donné la qualification de seigneur baron de Montyon, qualification qu'il prenait lui-même dans les actes publics et qui n'implique pas le titre personnel de baron. D'ailleurs, à l'encontre de ce qui a lieu aujourd'hui, le titre dans l'ancienne société française était sans importance, tandis qu'on en attachait une très grande à l'extraction. Saint-Simon raconte dans ses *Mémoires*[2] que « les titres de comtes et de marquis étaient, à la fin du xviie siècle, tombés dans la poussière par la quantité de gens de rien et même sans terre qui les usurpaient, et par là tombés dans le néant, si bien même que les gens de

---

1. Les roturiers achetant des fiefs nobles ne sont pas pour cela anoblis (ordonnance de Blois, art. 298).

Les duchez, les marquisats, les comtés n'anoblissent pas (*Œuvres* de Jean Bacquet, ch. XX).

2. Saint-Simon, *Mémoires*, édit. Chéruel, t. II.

qualité qui étaient marquis ou comtes avaient le ridicule d'être blessés qu'on leur donnât ce titre en parlant. »

Pour rester dans cet ordre d'idées, il me faut rechercher quelle était l'extraction de M. de Montyon.

Il appartenait à la race de ces grands bourgeois parisiens, que notre époque confond si facilement avec les nobles d'extraction, parce que les appellations sont les mêmes ; mais l'origine est différente. La noblesse de race remonte aux temps héroïques du moyen âge et de ses fondateurs ; on peut dire avec le poète : « *ce furent des soldats heureux,* » rien de plus. C'est au contraire par l'industrie, par le talent, par les services rendus à l'État que s'établit peu à peu cette autre noblesse que nous confondons aujourd'hui avec la noblesse de race. Cette noblesse d'origine très bourgeoise a souvent son point de départ au pilier des halles, mais la royauté l'oppose avec succès à la noblesse de race turbulente et vaine qui, après s'être fait redouter de nos rois, n'était plus pour eux depuis Richelieu que l'ornement de leurs palais. A la vieille noblesse d'épée les grandes charges de la cour, mais aux bourgeois les grandes charges de l'État.

En recherchant le point de départ de la famille Auget, dont M. de Montyon fut le dernier comme le plus illustre représentant, je n'ai pas eu seulement pour but le plaisir, un peu vain, de parcourir un chemin inexploré jusqu'alors, mais aussi de voir quels gens étaient les ancêtres du philanthrope, quelles alliances ils avaient contractées, quelle contenance ils avaient eue dans les siècles passés. La médecine affirme que certaines maladies sont héréditaires. Le tempérament moral, intellectuel ne se transmet-il pas aussi ? Il faut plusieurs siècles et des conditions climatériques favorables pour amener le plein développement des chênes de nos forêts ; ne faut-il pas aussi plusieurs générations d'êtres intelligents pour former une intelligence supérieure ?

M. de Montyon appartenait à une famille de magistrature[1]. Sa famille n'était point de celles qui avaient quitté l'épée pour la robe, comme les de Harlay, les d'Argenson, les de Mesmes d'Avaux, les Talon, les de Brosse, les de Forbin ; non point même de celles moins illustres, mais fort anciennes, comme les Anjorrant, les Le

---

1. La Chesnaye-Desbois. *Dictionnaire de la noblesse*. Paris, 1770-1784.

Boulanger, les Brisson, les Nicolaï, les de Thou,
les Phélypeaux, les Montholon ; non point encore de celles, comme les Pasquier, les Bignon,
les Lamoignon, les d'Ormesson, les Molé, les
de Pommereu, les d'Aguesseau, qui, pour ne
point remonter aussi haut, méritent cependant
un rang à part. Il descendait d'une famille
plus modeste, mais en possession cependant,
depuis trois générations, de charges importantes.

Les Auget portaient d'argent à une fasce de
gueules, accompagnée de trois têtes d'aigle de
sable, arrachées et languées de gueules, posées
deux en chef et l'autre à la pointe de l'écu [1].

Paul Auget, seigneur de Souffroy, gentilhomme ordinaire de la chambre du roi,
est le plus ancien membre de cette famille
dont le nom soit parvenu jusqu'à nous. Il
avait épousé Marie Le Camus et était qualifié
d'écuyer. Il remplissait en 1655 les fonctions
de surintendant de la musique du roi [2]. C'est

1. D'Hozier, *Armorial général de la France*. 1er registre.
p. 38.
2. Un contrat d'échange (1655) d'une maison rue Saint-
Honoré porte : Était présent noble homme Paul Auget, surintendant de la musique du roi. Archives nationales, *Émigrés
et condamnés,* papiers séquestrés. t. IV, 1. 2.

l'arrière-grand-père de M. de Montyon. Son grand-père, fils de ce seigneur de Souffroy et de Marie Le Camus, se nommait Jean Auget et s'intitulait seigneur de Boissy. Il exerçait les fonctions de doyen et de président des trésoriers de France en la généralité de Paris, qualification pompeuse, dont l'ancien régime n'était point avare, mais qui dans l'espèce désignait cependant des fonctions de quelque importance. Jean Auget présidait le bureau de finances, chargé de la répartition des impôts et de la surveillance des employés d'un rang inférieur. Ce bureau avait également la juridiction en matière d'impôts, mais avec appel au Parlement de Paris, auquel il ressortissait. Il ne faut donc pas confondre les fonctions exercées par Jean Auget avec celles de ces hauts justiciers du Parlement de Paris, que les prétentions des trésoriers des finances faisaient sourire. Jean Auget était le descendant d'une de ces maisons bourgeoises qui s'élevaient peu à peu, dont le commerce était le point de départ, qui passaient ensuite par les finances pour arriver au Parlement, dont les fils contractaient de belles alliances, entraient au service du roi et parvenaient même à la dignité de maréchal de France, comme M. de Nicolaï, ou à la dignité de duc et pair, comme M. Potier.

Jean Auget de Boissy [1] avait épousé Louise-Geneviève Cousinet, fille de Nicolas Cousinet, correcteur des comptes à Paris. C'était là une belle et bonne alliance, qui avait facilité à Auget de Boissy l'entrée dans la société un peu fermée du Parlement de Paris auquel appartenait son beau-père.

En effet, comme correcteur des comptes, Cousinet faisait partie de cette Cour des comptes, presque aussi illustre que le Parlement proprement dit. Il prenait place au-dessous des maîtres des comptes qui prononçaient les jugements, mais au-dessus des auditeurs. Riche par lui-même, riche par sa femme, Auget de Boissy accrut encore sa fortune patrimoniale par une administration prudente et habile. C'est lui qui acheta en 1709 la terre de Montyon à Marie-Anne Chevalier, épouse de messire Guillaume Aguenin Leduc, seigneur de Villevaudé; il la paya la somme de 64 000 livres [2]. Dix ans après, il achetait encore une autre ferme à Mme Marie-Anne

1. Archives départementales de Seine-et-Marne, série E, 66. — D'Hozier, *Armorial général de la France*, 1er registre, p. 38.
2. Archives départementales de Seine-et-Marne, série E, 66.

Colbert, marquise de Monsaulnin [1]. Auget de Boissy est le premier de sa famille qui porta le nom de Montyon. Il vécut jusqu'à un âge avancé. Une des préoccupations constantes de sa vie fut d'accroître sa terre. Il plaçait volontiers ses économies en biens-fonds. Nous le voyons dans les dernières années de son existence, alors que son état de santé ne lui permettait même plus de venir à Montyon, passer procuration à sa femme à l'effet d'arrondir cette terre de Montyon, qui, entre ses mains, avait pris une étendue qu'elle n'avait pas lorsqu'il l'avait achetée.

Jean Auget eut pour fils Jean-Baptiste-Robert Auget, qui s'intitule chevalier, baron de Montyon et seigneur de Chambry. Il est conseiller du roi et maître en la Chambre des comptes. L'influence de sa famille maternelle n'avait sans doute pas peu contribué à lui faire obtenir cette situation, qui était à coup sûr considérable, puisqu'elle le rendait, comme membre d'une cour souveraine, l'égal d'un conseiller au Parlement. Cette situation était en outre fort lucrative, tandis qu'au dire de l'avocat Barbier [2] les

1. Archives départementales de Seine-et-Marne, série E, 67
2. Barbier, *Journal*, tome III.

charges de conseillers au Parlement rappor-
taient peu et qu'on n'y gagnait quelque chose
qu'après vingt ans de service dans les cham-
bres. Aussi beaucoup de jeunes gens se jetaient
dans les emplois de finances.

Un conseiller aux enquêtes, en travaillant
beaucoup et avec peine, pouvait gagner 3000 livres par an, un conseiller en la grand'chambre
de 7 à 8000 livres. L'engouement pour les emplois purement judiciaires devint moins vif,
et l'on rechercha avec empressement les emplois touchant à la finance. Robert Auget de
Montyon épousa en premières noces Catherine-
Marie-Françoise Surici, fille du seigneur de Saint-
Remy, et en secondes noces Marie-Anne Pajot
du Bouchet, fille de Henri du Bouchet, conseiller
secrétaire du roi, maison et couronne de France
et de ses finances, et d'Anne Geoffroi de Coeffi.

La famille Pajot [1] était ancienne et avait con-
tracté de grandes alliances; ainsi au xvie siècle
Claude Pajot avait épousé Jean de Biencourt,
seigneur de Potrincourt, gouverneur de Méry-
sur-Seine, et au xviie siècle Marie-Anne Pajot,
l'une des plus jolies femmes de son époque, avait

1. Le Père Anselme, X. 274 A; VI. 463 C; II. 107 E.

épousé Armand de Madaillan de L'Esparre, marquis de Lassay, célèbre par ses duels, sa bravoure
et ses aventures galantes. Il n'avait tenu qu'à
elle d'épouser un beaucoup plus grand personnage encore, le duc de Lorraine. Ce prince,
tombé éperdument amoureux de Mlle Pajot,
était décidé à résigner ses États afin d'obtenir
le consentement du roi, qui, à cette condition,
autorisait le mariage. Mais la jeune fille refusa
un tel sacrifice. On raconte que Racine, qui
l'avait connue chez le prince de Conti, pensa
à elle lorsqu'il fit sa tragédie de *Bérénice*.

La belle marquise de Lassay mourut jeune,
et son époux lui survécut de longues années.
Une princesse de sang royal, Mme la duchesse
de Bourbon, fixa ensuite et définitivement le
cœur un peu volage du célèbre marquis. C'est
d'après ses conseils que la duchesse de Bourbon
abandonna le vieil hôtel de Condé pour faire
bâtir sur les bords de la Seine le palais Bourbon. M. de Lassay se fit construire, tout à côté,
le charmant hôtel devenu depuis la résidence
du président de la Chambre des députés.

La grande illustration de la famille était ce
François Pajot, seigneur de Monsault et Bethen-
court, qui, reçu conseiller au Parlement le 1er

août 1549, fut ambassadeur en Suisse et mourut conseiller en la grand'chambre du Parlement. Mme Auget de Montyon descendait directement de François Pajot, à la fois grand magistrat et grand diplomate. Par Étiennette Le Cocq, femme de François Pajot, elle se rattachait au cardinal de La Balue, l'astucieux ministre de Louis XI, qu'un contemporain qualifie d' « homme de gentil esprit et de grandes lettres », et à ce fameux Robert Le Cocq, évêque de Laon, qui fut l'ami d'Étienne Marcel et l'un des plus fins politiques de son siècle.

Robert Auget de Montyon mourut jeune. Il eut de son premier mariage Mme de Fourqueux, dont le mari, Bouvard de Fourqueux, conseiller en la grand'chambre, fut un des ministres d'État du roi Louis XVI. Marie-Anne Pajot, sa seconde femme, fut la mère d'Antoine-Jean-Baptiste-Robert, le fameux philanthrope, qui était encore mineur lorsque son père mourut.

Suivant l'habitude du temps, Auget de Montyon avantagea beaucoup son fils et l'institua son légataire universel. Cette préférence ne paraît pas avoir indisposé Mme de Fourqueux. Jusqu'à l'émigration, le frère et la sœur continuèrent à demeurer ensemble rue des Francs-

Bourgeois, au Marais, dans le vieil hôtel de famille. Pendant l'été, M. et Mme de Fourqueux s'installaient volontiers soit à Chambry, soit à Montyon, où M. de Montyon, qui ne se maria pas, voulait qu'on les traitât comme lui-même, c'est-à-dire comme les véritables maîtres.

Il semble d'ailleurs que le mariage de sa sœur consanguine, son aînée de plusieurs années, ait eu une grande influence sur la destinée de M. de Montyon.

M. de Fourqueux était un homme d'un commerce facile et agréable et dont les relations avec la cour et les gens en place étaient de nature à faciliter singulièrement la carrière de son jeune beau-frère. M. de Montyon nous a retracé lui-même le portrait de ce ministre estimable, qui, comme le roi, dont il fut le conseiller, n'était qu'un honnête homme alors que, pour sauver la monarchie, il fallait un homme de génie.

« Après la déplorable administration de M. de Calonne [1], le roi Louis XVI confia les finances à M. de Fourqueux. Sous le rapport de l'humanité, de la moralité et de toutes les vertus, le choix

1. *Particularités et observations sur les contrôleurs généraux des finances.* Paris, 1812.

ne pouvait être meilleur. Mais M. de Fourqueux était d'une constitution faible et n'avait jamais rempli aucune place d'administration. Il fut fort surpris de l'offre d'une si grande situation et la refusa ; mais, tandis qu'il suppliait le roi de lui permettre de ne point accepter ses bontés, la reine survint et fit des instances si vives, si obligeantes, et leur donna une telle tournure, que la persévérance dans le refus devint plus difficile. M. de Fourqueux céda, il accepta, mais il ne put rester en place que quelques mois. »

Mme de Fourqueux était une femme de mérite. M. de Montyon savait apprécier les rares qualités intellectuelles de sa sœur ; mais il lui faisait un reproche de trop écrire et surtout d'écrire des romans.

Bien oubliés aujourd'hui, plus oubliés encore que ceux de Mlle de Scudéri, ces romans ont eu un instant de vogue.

Pour mieux connaître le frère, j'ai voulu lire la sœur, et j'ai partagé l'avis de M. de Montyon. Mme de Fourqueux aurait mieux fait de ne pas écrire [1]. Qui peut s'intéresser aujourd'hui au

1. *Julie d'Olmont*, par Mme de Fourqueux. Paris. 1806.

jeune de Saint-Cyran ? A quinze ans, cet estimable garçon débute par être l'amant d'une amie de sa mère âgée de 50 ans. Plus tard, il s'introduit sous des vêtements de femme dans l'abbaye de Chelles pour enlever une jeune fille, pupille de sa mère. L'intérêt du roman réside dans le récit de cette galante aventure. Ce genre de lecture est tout à fait passé de mode, et, s'il faisait les délices de nos grand'mères, il n'en est pas de même de nos femmes et de nos filles. On ne saurait les en blâmer. Mais ce n'est pas par ce roman qu'il faut juger Mme de Fourqueux, et nous aimons à croire qu'elle ne le laissa pas lire à sa charmante fille Mme de Trudaine, la mère des deux frères Trudaine, ce couple chéri[1], comme les appelle André Chénier, qui les aimait d'une si parfaite amitié et qui, comme eux, devait être une des dernières victimes de la Révolution.

L'alliance de sa nièce avec un membre de la famille Trudaine paraît avoir été prisée par M. de Montyon à toute sa valeur. Quelle série d'hommes distingués ! C'est d'abord Trudaine, le prévôt des marchands, disgracié par le Ré-

1. *Poésies d'André Chénier*. Élégie XXXIX. Paris, 18..

gent, à cause de son excessive probité ; puis le grand Trudaine, le créateur de nos routes les plus belles, qui a eu des imitateurs, mais que personne n'a jamais surpassé ; enfin Charles Trudaine, le mari de Mlle de Fourqueux, aussi capable que son père et aussi charmant que ses fils.

C'est à l'école de cette famille illustre, alliée à la sienne, que M. de Montyon puisa la connaissance approfondie des traditions de l'administration française. Il aimait à se proclamer l'élève du grand Trudaine, et l'on peut ajouter qu'il se montra digne d'un tel maître.

Ainsi donc, si M. de Montyon ne fut pas élevé par son père, un heureux concours de circonstances lui permit toutefois de rencontrer auprès des siens une habile direction et d'utiles conseils.

Je sais bien que les hommes du caractère de M. de Montyon sont avant tout redevables à eux-mêmes de ce qu'ils deviennent plus tard. Mais, si l'on faisait un recensement exact de toutes les idées, de tous les sentiments et de tous les actes de la vie de M. de Montyon, peut-être reconnaîtrait-on que beaucoup de son cœur, de son intelligence et de son esprit lui

vint aussi de cette lignée d'ancêtres, hommes
d'économie et de travail comme les Auget,
hommes de droiture et d'expérience comme les
Pajot, hommes fins et habiles comme les Baluc
et les Robert Le Cocq. On dirait un prisme ; les
rayons de plusieurs générations le traversent.
Cependant Montyon conserve son originalité.
Ce qui le distingue avant tout, c'est qu'il semble
avoir voulu s'approprier et mettre en pratique
cet axiome de Cicéron que, « dans la famille
comme dans l'État, la meilleure source de
richesse c'est l'économie ; » mais là encore il
conserve une physionomie à part. Tout homme,
dit Gibbon, reçoit deux sortes d'éducation, l'une
qui lui est donnée par les autres, et l'autre,
bien plus importante, qu'il se donne lui-
même. On peut dire que la tradition de famille
a été pour M. de Montyon « l'éducation qu'il a
reçue des autres ». Quant à celle qu'il s'est
donnée à lui-même, nous tâcherons de la saisir
et de l'expliquer en parcourant les différentes
phases de cette longue existence, qui commence
à la minorité de Louis XV pour ne se terminer
que quatre ans seulement avant la mort du roi
Louis XVIII.

CHAPITRE II

LE MAGISTRAT

M. de Montyon avocat du roi au Châtelet. — Maître des requêtes, chargé des affaires de la librairie. — Tolérance administrative. — Voltaire est cependant inquiété. — Sa lettre à M. de Montyon. — M. de Montyon intendant d'Auvergne. — Intendant de Provence. — Sa bonne administration et sa générosité ne sont pas une exception. — Ses relations avec M. Turgot. — La lutte des parlements. — M. de Montyon en disgrâce. — Son mémoire au roi. — Il est nommé conseiller d'Etat. — Chancelier du comte d'Artois. — Luxe et prodigalité des magistrats. — Contraste offert par M. de Montyon.

M. de Montyon débuta à vingt-deux ans dans les fonctions publiques comme avocat du roi au Châtelet. Les avocats du roi au Châtelet avaient une situation à peu près analogue à celle actuellement remplie par les substituts au tribunal de la Seine. C'était un poste de confiance, que l'on

ne donnait qu'à des hommes de travail et d'avenir. M. de Malesherbes avait rempli les mêmes
fonctions avant M. de Montyon. Magistrat très
jeune, M. de Montyon se montra par la maturité
de son esprit, par son érudition sérieuse, par son
application soutenue, à la hauteur du poste que
lui avait accordé la faveur royale. On était en
1755. A la période de langueur qui avait signalé
le ministère du vieux cardinal de Fleury avait
succédé une activité dévorante pour les plaisirs.

Il ne paraît pas que M. de Montyon se soit
abandonné au courant du siècle, et, comme le
dit un de ses panégyristes [1], « il se montra dès
lors supérieur à l'enivrement des plaisirs,
comme il devait se montrer plus tard invincible
aux épreuves de l'adversité. » Au bout de cinq
ans, il fut nommé conseiller au grand conseil,
maître des requêtes et chargé des affaires de la
librairie, dont M. de Malesherbes était alors directeur. Tous les gens de lettres qui eurent
affaire à lui furent tous enchantés de ses manières affables et de son exquise politesse.

Il faut d'ailleurs reconnaître que la tâche de

—————

1. *Auget de Montyon*, par M. Léon Fougère, Paris, 1834.

M. de Montyon était singulièrement facilitée par l'extrême tolérance dont faisait volontiers profession M. de Malesherbes.

Cette tolérance fut jugée quelquefois excessive par ceux qui regrettaient la vieille administration du cardinal de Fleury, mais les mœurs étaient plus fortes que les lois, restées oppressives et restrictives. On jouait à Versailles [1], devant le roi, la trahison du connétable de Bourbon, tragédie de M. de Guibert. Marmontel combattait hardiment les préjugés de la naissance dans un opéra-comique, *le Sylvain*, et Diderot faisait une satire « contre l'insecte usurpateur du titre de majesté ».

Cependant, de temps à autre, les bureaux de la librairie donnaient signe de vie, surtout lorsqu'il s'agissait de l'importation en France de livres publiés à l'étranger. Il y avait là une de ces questions fiscales auxquelles l'ancien régime n'est jamais resté indifférent.

Voltaire, alors retiré à Ferney, fut inquiété au commencement de l'année 1767, pour une

---

1. On applaudissait à la cour les maximes républicaines de Brutus; on parlait d'indépendance dans les camps, de démocratie chez les nobles, de philosophie dans les bals, de morale dans les boudoirs. (*Mémoires du comte de Ségur.* Paris, 1859.)

affaire de contrebande en livres étrangers.
C'est à ce sujet que M. de Montyon reçut de lui
la lettre suivante :

« A Ferney, 9 janvier 1767.

« Monsieur, c'est une grande consolation que
vous soyez le juge de ma nièce, Mme Denis : car,
pour moi, n'ayant rien, on ne peut rien m'ôter ;
j'ai tout donné. Le château que j'ai bâti lui
appartient ; les chevaux, les équipages, tout est
à elle. C'est elle que des cerbères de bureau
d'entrée persécutent ; nous avons tous deux
l'honneur de vous écrire, pour vous supplier
de nous tirer des griffes des portiers de l'enfer.

« Vous avez sans doute entre les mains,
monsieur, tous nos mémoires envoyés à M. le
vice-chancelier, qui sont exactement conformes
les uns aux autres, parce que la vérité est toujours semblable à elle-même.

« Il est absurde de supposer que Mme Denis
et moi nous fassions un commerce de livres
étrangers : il est très aisé de savoir de la dame
Doiret, de Châlons, à laquelle les marchandises
sont adressées par une autre Doiret, toute la
vérité de cette affaire et où est la friponnerie.

« Nous n'avons jamais connu aucune Doiret,
y en eût-il cent : il y a une femme Doiret qui
est venue dans le pays en qualité de fripière,
elle a acheté des habits de nos domestiques
sans que nous l'ayons jamais vue ; elle a emprunté d'eux un vieux carrosse et des chevaux
de labourage de notre ferme, éloignée du château, pour la conduire, et nous n'en avons été
instruits qu'après la saisie.

« Loin de contrevenir en rien à la police du
royaume, j'ai augmenté considérablement la
ferme du roi sur la frontière où je suis, en défrichant les terres et en bâtissant onze maisons,
et, loin de faire la moindre contrebande, j'ai
armé trois fois mes vassaux et mes gens contre
les fraudeurs. Je ne suis occupé qu'à servir le
roi, et j'ai trouvé dans les belles-lettres mon
seul délassement à l'âge de soixante-treize
années.

« Nous avons encore beaucoup plus de confiance en vos bontés, monsieur, que nous
n'avons de chagrin de cette aventure inattendue. M. d'Argental peut vous certifier sur
son honneur que nous n'avons aucun tort,
Mme Denis ni moi, et mon neveu, l'abbé
Mignot, en est parfaitement instruit.

« Nous espérons recouvrer incessamment des pièces qui prouveront bien que nous n'avons jamais eu la moindre connaissance du commerce de la femme Doirot, ni de sa personne ; nous vous demandons en grâce d'attendre, pour rapporter l'affaire, que les pièces vous soient parvenues ; Mme Denis est trop malade pour avoir l'honneur de vous écrire, et moi, qui l'ai été beaucoup plus qu'elle, j'espère que vous pardonnerez à un vieillard presque aveugle, si j'emploie une main étrangère pour vous présenter le respect avec lequel j'ai l'honneur d'être, monsieur,

« Votre très humble et très obéissant serviteur,

« VOLTAIRE, *gentilhomme ordinaire du roi.* »

« Je me joins à mon oncle avec les mêmes sentiments, monsieur.

« Votre très humble et très obéissante servante,

« DENIS. »

M. de Montyon n'eut point à donner son opinion sur l'affaire qui préoccupait Voltaire. Il fut appelé à l'intendance d'Auvergne avant

la lecture de son rapport au conseil, et ses lettres de nomination portaient qu'il était invité à
se rendre sans délai en Auvergne, à cause « de
l'état critique où se trouvait cette province ».

Certes, si jamais choix fut heureux, ce fut
bien celui-là. « Les intendants de province [1], dit
Guyot, sont des magistrats que le roi envoie
dans les différentes parties du royaume pour y
veiller à tout ce qui intéresse l'administration
de la justice, de la police et des finances. »

On voit par là l'importance des fonctions
confiées à M. de Montyon. J'ai examiné les registres du ministre de la maison du roi, et j'ai
pu me convaincre que M. de Montyon portait
dans les affaires de son intendance les mêmes
soins incessants et presque méticuleux qu'il
avait pour ses propres affaires [2]. Cependant ses
dépêches sont plus rares que celles de M. Amelot, intendant de Bourgogne, qui en expédiait
53 en 1769 et 65 en 1770, ou que celles de
M. de La Tour, intendant et premier président
de Provence, qui en expédiait 45 en 1769. M. de
Montyon en écrivait 8 en 1769 et 15 en 1770.

1. Guyot, *Traité des offices*, III, p. 119.
2. Archives nationales. Les registres du ministre de la
maison du roi.

Il est vrai que M. de Turgot, intendant de Limoges, n'en expédiait que 7 en 1769 et 5 en 1770.

Les circonstances dans lesquelles M. de Montyon se rendit en Auvergne étaient particulièrement pénibles. L'Auvergne se trouvait dans une situation désespérée; les récoltes avaient manqué depuis plusieurs années, le blé valait soixante-douze livres le setier, on s'arrachait le pain noir des paysans, l'herbe était la nourriture de quelques-uns. L'état de cette province était donc vraiment critique, comme le disaient les lettres de nomination. M. de Montyon se mit immédiatement à l'œuvre, et il montra ce que pouvait accomplir un homme de cœur.

D'ailleurs, sous l'ancien régime, les administrateurs, hommes de cœur, étaient moins rares qu'on ne le pense. Sans doute tous n'avaient pas le génie de Turgot ou la philanthropie de M. de Montyon, mais beaucoup étaient fort intelligents et fort charitables. Les uns établissaient des prix pour les laboureurs, d'autres faisaient des cours de boulangerie économique, d'autres fondaient des hôpitaux. Les noms de de La Tour en Provence, de Berthier en l'Ilede-France et de Tourny à Bordeaux méritent d'être inscrits sur le livre d'or de l'administration française [1].

Sa renommée avait précédé M. de Montyon en Auvergne, et, aussitôt qu'on le sut arrivé à Clermont, une députation des échevins et des notables d'Aurillac fut envoyée auprès de lui.

Cette délibération porte « qu'on trouverait sans doute des raisons pour motiver la députation dans la naissance, le rang et la place de M. de Montyon, mais qu'il en était de bien plus douces et de plus intéressantes pour le haut pays d'Auvergne, et notamment pour cette ville : c'étaient les vertus et les qualités personnelles de M. de Montyon, dont on avait ressenti les effets dès les premiers jours de sa nomination à l'intendance d'Auvergne [2]. »

Jamais paroles n'avaient été plus vraies, car, aussitôt sa nomination à l'intendance d'Auvergne, M. de Montyon avait fait précéder son arrivée de nombreuses libéralités qu'il avait fait distribuer à ses nouveaux administrés par son voisin et ami l'intendant de Limoges, l'illustre Turgot. Ce grand nom de Turgot rappelle un

1. Taine, *Les origines de la France contemporaine*, livre IV.
2. Extrait des registres de la mairie d'Aurillac.

des plus beaux souvenirs de la vie de M. de
Montyon.

On raconte [1] que, voulant profiter de l'expérience de M. de Turgot, M. de Montyon se
rendit à Limoges pour s'inspirer des conseils
de son collègue. « Je viens, lui dit-il, savoir
quel remède votre cœur vous a inspiré contre
la famine qui désole nos provinces. — Convaincu, lui répondit M. Turgot, que le premier
mobile des hommes est l'intérêt, j'ai promis
tant par sac de farine à ceux que j'ai chargé
d'approvisionner le Limousin. — Ne craignez-
vous pas, répliqua l'intendant d'Auvergne, que,
si quelqu'un leur en donne davantage, l'appât
du gain ne les décide à vous frustrer de votre
espoir ? Permettez que je vous rende compte
d'une autre idée dont j'espère de bons résultats. La famine qui nous afflige et qui se prolonge est évidemment l'ouvrage des accapareurs. J'ai remis des sommes importantes à
des personnes sûres que j'ai chargées de faire
des achats considérables ; elles seront de retour
incessamment ; j'aurai à l'avance l'avis secret
de leur arrivée : je ferai savoir alors sans affec-

1. Alissan de Chazet, *Vie de M. de Montyon*. Paris, 1829.

tation aux accapareurs, que je connais parfaitement, que bientôt la province regorgera de blé et qu'il y aura dans les prix une baisse énorme et subite. Effrayés de cette perspective qui les menacera dans leur fortune, ils se hâteront de vendre, et c'est à ce moment même que l'abondance renaîtra véritablement. — Ah ! mon ami, que je vous embrasse, s'écria M. Turgot ; vous êtes un magicien ; et je me servirai de votre baguette. »

Droit et adroit, tel a été M. de Montyon en tant qu'administrateur. Voici une aventure arrivée à M. de Montyon en Auvergne. Elle constitue un des rares souvenirs laissés par lui à Montyon ; je la raconterai telle qu'on me l'a racontée ; la finesse que cette aventure prête à M. de Montyon confirme ce que j'avançais [1].

M. de Montyon devait mener de l'argent au roi. Un complot s'organise, on convient de tendre une embuscade pour s'emparer des capitaux destinés à Sa Majesté et au besoin pour faire un mauvais parti à l'escorte et à l'intendant lui-même, en cas de résistance. Trop de personnes furent mises dans la confidence, si

____

1. Déposition écrite de M. Eugène Boucher, avril 1879.

bien que M. de Montyon eut vent de l'affaire.

C'était un malin que notre intendant. Voici comment il s'y prit pour rouler les Auvergnats. On annonça ouvertement le départ des précieux colis. Au jour indiqué, caisses, intendant, valets, tout le monde prit place dans la berline de voyage ; les carrosses de l'époque étaient assez grands pour loger tout ce monde.

A l'approche du défilé, de grands cris se font entendre, nos montagnards s'élancent, l'escorte est dispersée, la porte du carrosse s'ouvre violemment, et M. de Montyon est sommé de descendre à terre et de livrer le trésor.

Personne ne bouge, une main brutale écarte brusquement le manteau dont l'intendant s'était prudemment couvert et dans lequel il semblait évanoui..... quand, ô stupeur ! on découvre..... quoi ? Le Suisse de M. de Montyon. Inutile d'ajouter que les caisses étaient vides et que pendant tout ce temps M. de Montyon filait sur Paris avec l'argent du roi.

M. de Montyon sut diriger les esprits de ses administrés vers les objets d'une utilité générale et donner aux travaux publics une vive impulsion. Ainsi il créa à Aurillac la promenade des Graviers et à Mauriac celle de la Placette,

Sa bienfaisance s'exerçait déjà sur une large
échelle, ainsi que le témoigne la lettre suivante, conservée dans les archives de la ville
d'Aurillac [1]. « Si les principaux habitants,
écrivait M. de Montyon aux autorités, veulent faire une somme de 2000 livres, pour être
employée en achats de grains et pour être
donnée aux cultivateurs, qui la rendront après
la moisson, je destinerai le double, sur les
fonds consacrés à la subsistance des pauvres, à
cette œuvre charitable..... Pour donner l'exemple de la bonne œuvre, j'y contribuerai pour
un dixième, dont je joins ici le mandat sur
mes appointements, que le commis à la recette acquittera. »

Les deux villes d'Aurillac et de Mauriac se
montrèrent reconnaissantes à l'endroit de M. de
Montyon ; elles donnèrent son nom aux promenades qu'il avait créées.

Chacune de ces villes lui érigea un monument avec une inscription commémorative.
L'inscription placée par la ville de Mauriac est
due à Marmontel ; elle est ainsi conçue :

1. Registre de la mairie d'Aurillac, extrait communiqué à
M. de Chazet par M. de Panat, préfet du Cantal.

Aux rigueurs de l'hiver opposant sa bonté,
            Un ami de l'humanité
A ces heureux travaux occupa l'indigence :
Montyon, ton active et sage intelligence
Éclairait Tournemine; il l'a bien imité!
Qu'à jamais cette pierre inviolable et sainte
            Fasse lire aux siècles futurs
Que, sans toi, tout un peuple eût péri dans les murs
            Dont il a décoré l'enceinte.

C'est à Thomas que la ville d'Aurillac s'adressa pour le même objet. Comme l'inscription de Marmontel, celle de Thomas porte la marque du xviiie siècle; la forme de l'éloge a vieilli, mais les bienfaits répandus par M. de Montyon sont toujours aussi vivants.

Voici l'inscription de Thomas :

Nourrir un peuple entier de famine expirant,
Par les mains de ce peuple embellir une ville,
            Rendre le malheur même utile,
Enfin par ses vertus faire adorer son sang :
            Montyon, ce fut ton ouvrage!
Puisse ce monument, à jamais respecté,
            Transmettre à la postérité
Nos maux et tes bienfaits, ta gloire et notre hommage!

Ces deux morceaux sont tout à fait dans le goût du milieu du xviiie siècle. Nous sommes à l'apogée du règne de la sensiblerie. Greuze a peint son *Père de famille lisant la Bible*, Diderot a publié son *Fils naturel* et son *Père de famille*, et, comme nous venons de le voir, Thomas appelle M. de Montyon « un ami de l'humanité ». Oui, il le fut, et de la bonne façon. Thomas et Marmontel mettent M. de Montyon dans un cadre du XVIIIe siècle, mais on peut enlever le cadre, et le portrait n'y perdra rien.

Ici se place un incident de la vie de M. de Montyon qui met en relief son caractère de magistrat.

Constamment rallumée, la vieille querelle du parlement et de la cour avait repris une allure encore plus vive après la disgrâce du duc de Choiseul. Tous les parlements du royaume s'étaient unis pour lutter contre le chancelier de Maupeou. Un édit du mois de décembre avait interdit aux parlements de se servir des mots d'unité et d'indivisibilité ; le parlement n'en avait pas moins persisté dans ses résistances ; c'était comme un foyer d'opposition, foyer latent, mais d'où pouvait s'échapper une de ces flammèches qui provoquent un grand incendie.

C'est ce que comprit M. de Montyon. Comme il avait horreur de toucher à l'ordre établi, il

se tint à égale distance de la cour et du parlement, tout en inclinant un peu plus cependant
du côté du parlement. Il combattit avec une
prudente réserve les opinions du chancelier de
Maupeou et refusa cependant de profiter de sa
disgrâce pour obtenir la présidence du parlement. Conservateur par état, M. de Montyon
défendit alors le parlement contre l'arbitraire
royal, tout comme il devait plus tard défendre
la royauté contre la violence révolutionnaire.

Quoique correcte, l'attitude de M. de Montyon
éveilla quelque peu l'attention de M. l'abbé
Terray, qui voulait confier l'intendance d'Auvergne à un homme plus parfaitement d'accord
avec lui sur le système parlementaire. M. de
Montyon fut appelé à l'intendance de Provence.
Mais à Aix comme à Clermont M. de Montyon
ne voulut pas s'associer à ce bouleversement de
l'ordre judiciaire qui a imprimé au nom de son
auteur une odieuse célébrité. « Il refusa, dit
M. Feugère [1], d'installer dans la province qu'il
régissait alors comme intendant, à la place de
l'ancien parlement, puissant par le respect qu'il
s'était concilié, une cour nouvelle, qui man-

1. *Éloge de M. de Montyon*, par M. Léon Feugère. Paris.
1834.

quait de la double consécration du temps et de l'estime publique. Une disgrâce mal déguisée par de trompeuses promesses punit le dévouement éclairé de ce serviteur fidèle. »

M. de Montyon resta peu de temps intendant de Provence, assez cependant pour rendre à ce pays d'inappréciables services. Depuis longtemps, les habitants de Marseille se plaignaient avec raison de la déplorable influence qu'exerçait sur l'état sanitaire de la ville la situation de son port, toujours encombré; des miasmes pestilentiels s'en exhalaient, et cependant on reculait toujours devant les dépenses que le curage occasionnerait. Les administrations de la marine et des finances successivement sollicitées, se renvoyaient tour à tour cette tâche difficile. M. de Montyon, ayant lutté contre l'opposition des différents ministres sans parvenir à vaincre leur hostile obstination, se résolut à accomplir comme particulier ce que ne pouvait faire l'intendant. Il fit procéder, de ses propres deniers, à un travail gigantesque, dispendieux, mais fécond en résultats, et Marseille lui dut, à lui seul, cette heureuse amélioration. Grâce encore à son énergie, il protégea cette même ville contre la disette, en différant l'exécution d'un ordre inconcevable, qui prohibait l'importation des blés, à raison des spéculations auxquelles donnait lieu ce commerce.

Les chaleurs accablantes du Midi avaient altéré la santé de M. de Montyon. Il sollicita et obtint son changement. Il fut nommé intendant de La Rochelle. Ce n'était point à coup sûr un poste d'avancement, et M. de Montyon ne l'accepta qu'avec regret; mais à La Rochelle comme en Provence, comme en Auvergne, il se montra administrateur éminent. Cependant il n'obtint pas la satisfaction à laquelle il avait droit. Une des intendances qu'il désirait étant venue à vaquer, le roi Louis XVI alors régnant en disposa en faveur d'un autre. M. de Montyon ressentit jusqu'au fond du cœur l'injustice royale, et il ne put s'empêcher de laisser percer son mécontentement dans un mémoire que M. de Malesherbes, son ami, se chargea de remettre au roi.

Ce mémoire est long et peut donner lieu à des appréciations bien différentes. M. de Montyon a-t-il eu raison de l'écrire? C'est évidemment une œuvre apologétique et qui par suite est critiquable. M. de Montyon affecte un peu trop les allures de ce fier Romain qui, au lieu de se défendre, invitait le peuple à monter avec lui au Capitole afin de rendre grâces aux dieux des victoires remportées par lui sur les ennemis de la République. M. de Montyon ne monte pas tout à fait au Capitole ; mais peu s'en faut. Ce morceau est d'ailleurs curieux, car c'est un résumé exact de l'administration de M. de Montyon. A ce point de vue, il mérite d'être cité en entier :

« Sire, il n'est pas surprenant que, dans un grand État comme celui de Votre Majesté, quelques actions louables restent inconnues ou sans récompense ; mais, si tel était l'ordre des choses, que le zèle et les services fussent traités comme des fautes et ne fussent payés que par des disgrâces, le malheur d'un particulier deviendrait la cause publique ; il deviendrait celle même du souverain, puisque ces exemples énerveraient un des plus grands moyens qu'il ait en ses mains pour assurer le bien de son service.

« Tels sont les motifs qui me déterminent à mettre ma situation sous les yeux de Votre Majesté, à user du droit qui appartient à chacun de vos sujets et plus particulièrement aux commissaires que Votre Majesté envoie dans les provinces.

« Depuis que j'ai l'honneur d'être revêtu de
ce titre, j'ai été dépouillé trois fois de mon état :
sort inouï jusqu'à moi. Il faut que je sois ou le
plus méchant des hommes, ou l'un des plus
malheureux. Il m'est important que ma conduite soit connue et qu'elle soit mise en parallèle avec le sort que j'éprouve ; car, sous un gouvernement aussi respecté que celui de Votre
Majesté, un traitement rigoureux peut être considéré comme un acte de justice.

« Pendant que j'étais intendant en Auvergne,
cette province, celle du royaume qui supporte
la taille la plus forte proportionnellement à son
revenu, vit se joindre à ce malheur celui d'une
disette telle que, dans ces derniers temps,
aucun autre pays en France ne l'a connue ; le
blé a été porté à 72 livres le setier de Paris, et
plusieurs habitants ont été réduits à manger de
l'herbe.

« Les crises de l'humanité sont toujours des
moments fâcheux et dangereux pour l'administration ; j'ai été assez heureux pour que toutes
les mesures que j'ai prises dans l'intérêt de la
province aient réussi. Le ministère a été satisfait
de ma conduite, et les cantons affligés de ce
fléau m'ont marqué leur reconnaissance (même

depuis que j'ai quitté ce département) par des
preuves publiques, qui font plus d'honneur à
leurs sentiments qu'à mes soins, qui n'étaient
qu'une dette.

« Les peines que me causaient ces circonstances cruelles altérèrent ma santé ; une fièvre
accompagnée d'accidents graves me menaçait
d'une mort prochaine et cependant n'interrom-
pait point mon travail ; dans un redoublement
de quatorze heures où l'on parlait de m'administrer, j'en ai passé sept à travailler ; c'est ce
jour ou le lendemain qu'on a pris pour m'ôter
mon intendance.

« Une lettre ministérielle m'apprit que les
circonstances avaient exigé que je fusse privé
de ma place pour qu'un autre en fût gratifié ; le
ministre en accordant des éloges à ma conduite,
ajoutait que le roi avait pensé que je me prête-
rais à cet arrangement, d'autant que Sa Majesté,
dès l'année précédente, m'avait assuré la première intendance considérable qui viendrait à
vaquer.

« Dans le mois de septembre 1771, je fus
nommé à celle de Provence, et j'eus ordre de
m'y rendre.

« Le port de commerce le plus considérable

que Votre Majesté ait sur la Méditerranée était
en ce moment dans la détresse; un impôt dont
le produit était destiné au curage avait été sup-
primé, les ministres des finances et de la marine se renvoyaient la charge de fournir les
fonds, cependant le port s'encombrait, et un
navire y échoua. Le commerce était désolé,
mais il n'était pas en mon pouvoir de remédier
au mal. Ce que je ne pouvais pas comme administrateur, je l'ai fait comme particulier; j'ai donné
des ordres pour le curage du port dans la forme
ordinaire, et j'ai payé de mon argent; depuis,
cette dépense m'a été remboursée par les ordres
du ministère.

« Les craintes sur la subsistance des peuples
étaient encore très vives; elles portèrent le contrôleur général à donner, au nom du roi, un
ordre qu'il écrivit de sa main pour en rendre
l'exécution plus assurée et dont l'objet était de
susprendre la liberté du commerce de Marseille;
cette ville, effrayée de ces défenses, eut recours
à moi, et ses administrateurs me demandèrent
de les tirer de la situation pénible dans laquelle
ils se trouvaient, se voyant obligés de com-
promettre l'existence de la province et d'une
partie du royaume, ou de répondre des évé-

nements et d'encourir l'animadversion du roi.

« Je leur répondis, et ma lettre est déposée dans leurs archives, que je sentais combien leur situation était difficile ; mais que, commissaire du roi je n'avais et ne pouvais avoir de volontés que les siennes, qui venaient de leur être manifestées directement par son ministre ; que je ne me dissimulais pourtant pas que cette réponse, qui me tirait d'embarras les y laissait, et qu'elle ne répondait ni à mon amitié pour eux, ni à mon zèle pour la province ; que je sentais qu'il était des circonstances graves où il fallait s'exposer, et qu'ils allaient me connaître ; qu'ils pouvaient laisser subsister dans leur port la liberté pour l'entrée et la sortie des grains, comme avant les ordres de la cour ; que je prenais l'événement sur moi ; que, pour leur décharge, ils étaient libres de déposer ma lettre dans leurs archives et d'en envoyer copie au ministre.

« En même temps, je pris différentes mesures pour prévenir et les malheurs et les inquiétudes ; j'envoyai à M. le contrôleur général copie de ma lettre, et, après lui avoir rappelé les obstacles que j'avais rencontrés, je terminai ainsi : « Ma conduite doit vous prouver que nulle « considération ne peut me rendre timide lors-

« qu'il s'agit du bien du service. » Je fus plus
d'un mois sans avoir réponse ; cependant mes
spéculations réussirent ; il entra à Marseille
huit ou dix fois plus de grains qu'il n'en sor-
tit, et je reçus une longue lettre de la main
du ministre approbative du parti que j'avais
pris.

« Six semaines après, une autre lettre du
même ministre m'apprit que le roi m'ôtait ma
place et m'envoyait à La Rochelle.

« Né sans ambition, ennuyé et fatigué des
contradictions et des revers, je pris le parti de
renoncer à tout état ; je le déclarai au ministre,
qui refusa d'en rendre compte à Sa Majesté, et
l'intendance de La Rochelle resta vacante ; enfin
les sollicitations et l'opinion de mes amis l'em-
portèrent sur mes sentiments ; je pris cette intendance. Mon traitement me fut conservé ; il fut
déclaré que je n'étais à La Rochelle que jusqu'à
ce qu'il vaquât une des places qui m'étaient as-
surées, et jusqu'à ce moment je fus dispensé de
m'y rendre. Ces arrangements sont consignés
dans une lettre ministérielle écrite d'après l'ordre du roi.

« Cependant j'ai cru que ma présence pourrait être utile à La Rochelle ; je n'ai consulté que

l'intérêt de l'État; le ministre de Votre Majesté m'a écrit à cette occasion qu'il lui en rendrait compte et m'a répondu de la satisfaction qu'elle aurait de cette marque de zèle.

« La fièvre et le renouvellement d'anciens accidents de poitrine ont pensé me rendre mon dévouement funeste; j'ai du moins la consolation que mon travail n'a pas été infructueux. Je suis en état de prouver que toutes les parties d'administration de ce département sont sur un meilleur pied qu'elles n'étaient lorsque je l'ai pris.

« J'ai fait plusieurs opérations dont il est résulté pour Votre Majesté, ou pour la province, des avantages de 30, 40 ou 50 pour cent; le bénéfice que la ville de La Rochelle a retiré du changement de son bail des octrois est estimé monter à 399,000 livres.

« Tandis que je me livrais ainsi tout entier à l'accomplissement de mes devoirs, Votre Majesté que l'on n'a pas instruite, j'en suis convaincu, des paroles sacrées et réitérées que j'ai reçues, a disposé de la place qui m'était assurée de la manière la plus authentique.

« Je ne crois devoir ajouter à cet exposé aucune réflexion, aucune demande, aucune

plainte. Du reste, si, dans les trois départements
où j'ai servi, il est une seule personne qui
puisse articuler la moindre injustice qui procède
de moi ; si, dans ce mémoire, il est un seul
fait qui soit contraire à la vérité, je consens à
perdre la vie. mes biens et l'honneur.

« *Signé* : A. DE MONTYON. »

Comme nous l'avons dit, c'est M. de Malesherbes qui présenta le mémoire au roi. Ce fut
le duc de Penthièvre qui l'appuya. La réparation ne se fit pas attendre. Le roi Louis XVI
nomma M. de Montyon conseiller d'État. Vit-on
jamais un plus honnête homme présenter une
requête, un plus honnête homme l'appuyer, et
un plus honnête l'accueillir, — Malesherbes.
Penthièvre, Louis XVI, — âmes d'une trempe
peu commune, chez lesquelles les vertus étaient
en équilibre parfait et qui par un heureux effet
du hasard se trouvèrent tous trois réunis pour
rendre à M. de Montyon la justice qui lui était
due.

M. de Montyon déploya au Conseil d'État la
même activité dont il avait fait preuve dans ses
intendances, et ses nouvelles fonctions ne pa-
raissaient pas avoir modifié en rien la simplicité

de ses allures. « Par son régime de vie particulière, dit M. Lacretelle [1], par sa candeur, par son inaltérable bienveillance, il semblait un homme de l'âge d'or. Bien que jouissant d'une grande fortune, il avait un état de maison fort médiocre et s'occupait très peu de son costume. Il attendait un jour une audience du roi, lorsque de jeunes seigneurs remarquèrent son habit de coupe démodée et surtout l'ampleur surannée de sa perruque. On chuchota, on plaisanta, et l'éclat de rire devint général. M. le comte d'Artois, frère du roi, était parmi les rieurs. »

Bachaumont ne raconte pas l'aventure tout à fait dans les mêmes termes. Voici ce qu'il dit à ce sujet [2] :

« On parle beaucoup d'une espièglerie de M. le comte d'Artois. Un intendant de province ayant indiscrètement pénétré chez Son Altesse Royale l'a trouvée dans un déshabillé que tout particulier se permet dans son intérieur, mais qui rendait le prince méconnaissable à ceux qu'il n'admet point dans son intimité, en sorte que le magistrat croyant effectivement avoir

1. Académie française. *Discours sur M. de Montyon.* 25 avril 1821.
2. Bachaumont, tome **XXIX**, le 14 février 1773.

affaire à un subalterne, encore d'une espèce
très inférieure, a répondu d'un ton brusque à
une question que lui a faite le quidam prétendu.
Le jeune prince, point accoutumé à ce ton peu
respectueux, dans un mouvement d'indignation
a fait sauter la perruque de l'homme de robe,
a ordonné qu'on le mît à la porte. M. de Montyon — c'est le nom de l'intendant — s'est retiré
honteusement : il a été obligé d'essuyer ainsi le
persiflage des courtisans. On assure que le roi a
fait des reproches à son frère de cette vivacité. »

Ce qu'il y a de certain c'est qu'en guise de réparation, et comme pour arranger les choses, on
nomma M. de Montyon chancelier de M. le
comte d'Artois, en remplacement de M. Bastard,
qui sur ces entrefaites était venu à mourir. Ce
M. Bastard était un homme d'assez mauvaise
réputation. On pensa généralement qu'il avait
mis fin à ses jours. et, suivant Bachaumont, on
fit de lui une oraison funèbre courte et éner-
gique en disant que c'était un grand fripon de
moins[1].

Tout à l'encontre de M. Bastard, M. de Montyon apporta dans sa nouvelle charge une inté-

1. Bachaumont, tome XVI, 18 janvier 1780

grité peu commune. Il alla même jusqu'à refuser les émoluments que touchaient ses prédécesseurs.

Au Conseil d'État comme dans ses fonctions de chancelier, M. de Montyon montra une rare sagacité. Jamais homme ne connut mieux le prix du temps. Il exigeait des explications nettes et courtes, détestait les longues discussions, qu'il savait cependant résumer avec un art merveilleux. « Son avis, dit un de ses biographes [1], était presque toujours le meilleur ; mais quand on lui démontrait qu'il s'était trompé, il en convenait avec la bonne foi d'un homme supérieur, et il adoptait sans peine une autre opinion. » Il prouva, dans une occasion importante, quel prix il attachait au secret des délibérations et à la solidarité des mesures arrêtées en commun. Un jurisconsulte ayant cru remarquer qu'un des actes consentis par le Conseil renfermait une cause de nullité, M. de Montyon opina pour que l'acte fût maintenu ; son avis ne prévalut pas ; la personne dont cette décision blessait les intérêts vint le trouver et ne put se contenir dans les bornes

---

1. Alissan de Chazet, *Vie de M. de Montyon.* Paris, 1829.

de la modération. Le chancelier l'entendit avec le plus grand calme ; il aurait pu d'un mot changer son mécontentement en reconnaissance, s'il avait voulu lui apprendre les efforts qu'il avait faits pour gagner sa cause, mais il aurait rougi de se séparer de la majorité ; il se regardait comme solidaire de toutes les résolutions prises, et il aima mieux s'exposer aux reproches véhéments d'un homme irrité que de révéler un secret dont il était dépositaire, ou d'attaquer une décision du Conseil.

C'est là une attitude qui porte la vieille marque. C'est qu'en effet M. de Montyon est une âme antique. Marc-Aurèle avait coutume de dire qu'il fallait être comme la vigne, qui donne son fruit, ne demande plus rien et se prépare à donner d'autres fruits. Qui mieux que M. de Montyon a mis en pratique ce beau précepte ?

Sans doute M. de Montyon savait se défendre. Il pensait que dans ce monde il faut combattre si l'on veut vivre. Nous l'avons vu tout à l'heure faire l'apologie de son administration avec une certaine vivacité. Il avait la conscience de sa valeur ; mais, au demeurant, il était sans ambition. Je n'en veux d'autre preuve que celle-ci.

En 1787, le roi lui fit offrir les fonctions de garde des sceaux de France et voici ce qu'il répondit aux personnes chargées de lui faire les ouvertures : « Dites à Sa Majesté que je suis confus de ses bontés. Si je fais un peu de bien dans la place que j'occupe, c'est que je ne suis pas en évidence ; en acceptant celle qu'on me propose, je serais exposé à toutes les intrigues, à toutes les cabales de l'envie; je n'aurais peut-être ni le talent ni la force nécessaires pour y résister; dans le doute, je dois m'abstenir. »

C'est à peu près ici que se termine la carrière judiciaire et administrative de M. de Montyon.

A une époque où les magistrats faisaient grande figure dans l'État, M. de Montyon se créa une situation à part. Sa personnalité est autre que celle de la plupart de ses collègues. Riche, comme l'étaient alors beaucoup de magistrats, il n'usa pas de cette fortune pour mener grand train. On ne tenait pas table ouverte à Montyon comme à Basville chez M. de Lamoignon ; on n'y jouait pas non plus la comédie comme chez M. et Mme d'Aguesseau. La tenue de la maison était simple et ne se ressentait en rien des prodigalités du siècle.

En voyant l'intérieur de ce magistrat qui vécut

sous Louis XV, on se serait cru chez un contemporain du vieux chancelier de Lhôpital. Sa
frugalité était telle, qu'il ne mangeait guère que
des légumes et des fruits. Il y a loin d'un tel
genre de vie avec les habitudes des magistrats
d'alors [1]. Les plus honnêtes prenaient part à ce
grand carnaval, qui devait aboutir à la Révolution. Dans les hôtels parlementaires comme
dans les hôtels de la finance, on était en liesse
du matin jusqu'au soir. La vie était une sorte
de danse, une sorte de cotillon universel. S'amuser toujours et quand même, tel était l'unique
code du « beau monde ». M. de Montyon sut
réagir contre une telle frivolité ; et si, dans les
salons de Versailles, plus d'une duchesse crut
pouvoir sourire en voyant le riche conseiller
d'État habillé comme un « homme de rien »,
plus d'une grande dame en exil profita de cette
parcimonie transformée alors en généreuse prodigalité.

L'administration de M. de Montyon fut intelligente, paternelle et douce. Une telle administration n'était point alors une exception. Si
la personnalité de M. de Montyon offre un ca-

____

1. Taine, *Les origines de la France contemporaine*, livre II.

ractère à part, sa manière d'administrer diffère peu de celle de ses collègues. M. de Turgot à Limoges, M. de La Tour en Provence étaient aussi bienfaisants ; d'ailleurs l'exemple venait de haut. Le roi Louis XVI n'était-il pas le plus humain, le plus généreux des princes ? Comment, en voyant de tels hommes gouverner et administrer la France, ne pas se prendre à espérer ? Beaucoup d'excellents esprits crurent voir apparaître une nouvelle ère de bonheur pour la France. M. de Montyon ne s'y trompa pas. Pour grande que fût sa bonté, elle n'excluait pas chez lui une véritable perspicacité. Plus à même de voir le peuple, il n'ignorait pas ce que plusieurs siècles d'oppression avaient accumulé de haine. Comme son collègue M. de Caumartin, l'intendant de Besançon, il voit que la fermentation est au comble et qu'une étincelle suffira pour allumer l'incendie. Il ne se rassure pas en songeant au bien qu'il a fait ou voulu faire au peuple. Il le sait plein de défiance envers ses conducteurs naturels. Les bandes de l'insurrection sont prêtes. M. de Montyon n'hésite pas. Il faut se prononcer pour une cause ou pour l'autre. Son choix est vite fait. Dans les conseils des princes, il a défendu les droits du peuple. Ne pouvant faire respecter par le peuple ceux du roi, il s'achemine vers l'exil, et là, sur le vieux sol hospitalier de l'Angleterre, il attend, en faisant le bien, des jours meilleurs, et mérite qu'on lui applique ces beaux vers de Pope :

> Who failing, smiles in exil or in chains
> .... That man is great indeed [1].

[1] Celui qui tombant sourit dans l'exil ou dans les chaines, ... Celui-là est vraiment grand. (Pope. *Essay on man*, IV.)

CHAPITRE III

LE SEIGNEUR DE VILLAGE

L'agriculture abandonnée redevient à la mode. — M. de Montyon propriétaire rural. — Seigneur censier. — Fiacre Parain receveur de la terre de Montyon. — M. de Montyon administre ses propriétés avec un soin extrême. — Sa sévérité à l'égard de ses débiteurs. — Son économie. — La misère et la condition des paysans sous l'ancien régime. — L'hiver de 1788-1789 est terrible. — Situation précaire des habitants de Montyon. — Liste des générosités de M. de Montyon. — L'approche de la Révolution. — L'abolition des droits féodaux à Montyon. — Conseils prudents donnés par M. de Montyon. — Les émigrés. — M. de Montyon ne quitte pas la France ; il fixe sa résidence à Verny, dans le pays de Gex. — Ses efforts pour n'être pas mis sur la liste des émigrés . — Il passe à l'étranger et est déclaré émigré le 15 février 1793. — Ses biens sont confisqués. — Il rentre en France en 1815. — Il charge Parain de faire valoir ses droits. — Le souvenir de M. de Montyon n'est pas resté populaire à Montyon.

M. de Montyon ne fixa jamais sa résidence habituelle à Montyon ; mais il y faisait de

fréquents voyages et s'occupait avec un soin
extrême de tout ce qui regardait l'administration de ses biens ruraux, utile exemple
que commençaient d'ailleurs à donner quelques
grands seigneurs.

Pendant tout le règne du roi Louis XIV et
pendant la plus grande partie de celui de
Louis XV, les propriétaires fonciers s'étaient
peu occupés de leurs terres. Vivre à la cour,
voir le roi et en obtenir quelque faveur, cau-
sait la préoccupation générale. L'époque était à
la frivolité, saluer, danser et chasser était le
fond de l'éducation d'un homme bien né. La
mode, qui peut tout en France, a au moins cela
de bon : c'est qu'elle change. Sous l'influence
anglaise le goût revint de s'occuper de ses propriétés rurales.

L'*Annuaire de la Société royale d'agriculture*
nous montre que M. de Montyon faisait partie
de cette Société, dont étaient membres les plus
grands seigneurs de France, le maréchal-duc
de Noailles, le marquis de Turgot, le duc de La
Rochefoucauld, le duc de Liancourt, le duc de
Charost, le duc de Croï, et ce marquis de Guer-
chy qui montait avec Arthur Young sur des
tas de foin pour apprendre comment on faisait

une meule. A l'indifférence la plus nuisible pour l'agriculture avait succédé un engouement très accentué [1], et nous verrons M. de Montyon s'occuper avec un soin tout particulier de ses plantations et de la taille de ses arbres.

A la terre de Montyon, déjà considérable par elle-même, était jointe celle de Chambry, située dans le voisinage, et celle de Marchémoret, distante de deux petites lieues seulement. Ces trois terres étaient affermées dans des conditions fort semblables aux conditions actuelles. M. de Montyon avait établi à Montyon un régisseur chargé de percevoir le produit de ses droits féodaux, le prix de ses fermages, et aussi de le tenir au courant de ce qui se passait. J'ai dépouillé avec soin la longue correspondance échangée entre M. de Montyon et son régisseur [2]. Ce sont là des pièces encore inédites d'une enquête dont je n'entends tirer aucune conclusion. Ces comptes arides, ces ordres un peu hautains, ces recommandations intimes ne

---

1. Taine, *Les origines de la France contemporaine*, livre V. LE PEUPLE.

2. Archives départementales de Seine-et-Marne, série E. 82, carton de 347 pièces.

devaient pas voir le jour; aussi mon enquête diffère essentiellement de celles auxquelles on procède habituellement : elle est plus exacte, en ce sens que M. de Montyon s'y fait connaître sans le vouloir. Il ne pose pas devant la postérité, comme le font d'ordinaire les auteurs de mémoires. Son interlocuteur, c'est son régisseur; avec de tels gens, on parle net et franc; avec eux, on se montre tel que l'on est, car soi on est la tête qui dirige et eux doivent être le bras qui exécute.

Quel homme soigneux que Mgr le baron de Montyon! Voici quelques extraits de son agenda, commencé le 20 septembre 1773[1] :

« A la Saint-Martin 1777, au bord des prés de Souilly, planter peupliers d'Italie à six pieds. »

« A la Saint-Martin 1776, planter en meri-
« siers la pièce qui tient à la paroisse. »

« A la Saint-Martin 1776, planter dans mon potager des poiriers nains. »

« Élaguer les tilleuls dans la basse-cour. »

« Dans les coupes des taillis, avoir soin de réserver les baliveaux et plus encore les modernes de belle venue. »

---

1. Archives départementales de Seine-et-Marne, série E, 19, carton de 392 pièces.

Et pendant plusieurs pages Monseigneur indique, avec une connaissance parfaite des lieux, les différentes essences d'arbres qu'il faut planter. Le mesurage de ses terres appelle également son attention. Il donne les ordres les plus précis pour que, « au château Gaillard, on reprenne quelques perches usurpées, » et demande qu'on examine avec soin si dans les mesurages on ne lui fait pas subir quelques pertes.

Seigneur censier, M. de Montyon ne laisse pas mettre en oubli l'exercice de ses droits féodaux.

« Vérifier sur les livres du buraliste, écrit-il à la page 20 de son agenda, s'il a été vendu du vin par les censitaires sans me payer. »

Il ne ménage pas non plus les poursuites contre ses débiteurs :

« Faire assigner Pivain. »

« Faire saisir Chevance, en vertu de la sentence obtenue. »

« Faire poursuivre les délinquants dans les bois. »

« Faire assigner Denis Parain. »

« Poursuivre le procès contre Lépine. »

La liste des débiteurs poursuivis est longue,

et une seule fois seulement je trouve la men-
tion :

« A obtenu du temps pour se libérer. »

Ce curieux agenda indique également les
constructions et réparations entreprises par
M. de Montyon :

« Partout où il pleut faire travailler. »

« Faire arranger et paver le couloir de la cui-
sine du château jusqu'à la tourelle, pour empêcher les eaux d'entrer. Au colombier de Chambry, faire mettre quelques pièces en bois. »

La correspondance de M. de Montyon nous
montrera tout à l'heure avec quelle rigoureuse
économie il procédait à la réparation de ses
immeubles.

Cette économie de M. de Montyon se fait
jour jusque dans la manière dont il procède
pour correspondre avec ses gens [1]. Sa correspondance offre en effet un aspect particulier.
Homme pratique, il évite qu'en lui écrivant les
gens à son service ne perdent leur temps et

---

1. Une des préoccupations constantes de M. de Montyon a
été d'éviter les frais de correspondance. Ainsi nous le voyons
en 1818 écrire au comte Ferrand, ministre des postes, et lui
énoncer à quels titres il doit avoir la franchise postale,
faveur qui d'ailleurs ne lui fut pas accordée. (Bibliothèque
nationale . Dép. des manuscrits, Dictionnaire des auto-
graphes.)

n'usent leur papier dans de vaines formules de politesse. Voici comme il s'y prend. On divise le papier en deux : d'un côté, on « mande à Monseigneur ses ordres et ce qui se passe » ; sur l'autre côté, laissé en blanc, Monseigneur répond. Le procédé est le même quand c'est Monseigneur qui directement et de sa main envoie ses ordres. On indique sur la partie de la page laissée blanche la suite donnée aux ordres. C'est ainsi que nous pouvons retracer, avec certitude, la vie intime de M. de Montyon.

Fiacre Parain, avec lequel correspond M. de Montyon, est un fort honnête homme. Nous en trouvons la preuve d'abord dans les éloges que lui décerne M. de Montyon, dans les lettres qu'il échange avec lui et puis encore dans ce fait que M. de Montyon, à son retour de l'émigration, lui conserva toute sa confiance. Traverser une époque aussi troublée, en sachant se maintenir dans l'estime d'un homme tel que M. de Montyon, c'est prouver d'une façon certaine son honnêteté. Parain était également doué d'un cœur accessible aux misères qui l'entouraient, et constamment il se fait auprès de M. de Montyon l'avocat des pauvres et des déshérités de ce monde. Était-il suffisamment

diligent ? Son administration était-elle exempte
de toute négligence ? Ce sont les pièces et l'enquête qui répondront.

14 novembre 1787. — La correspondance longue et volumineuse que M. de Montyon échange
avec Parain [1] débute presque par un reproche.
Un contrat de vente signé le 3 novembre 1787
n'est envoyé à M. de Montyon, alors à Paris,
que le 8 novembre. C'est là un retard. M. de
Montyon exprime tout aussitôt son mécontentement. Il entend que les affaires soient me-
nées avec rapidité. Cette même lettre contient
encore un précieux renseignement. M. de Montyon s'y montre tout de suite tel qu'il nous ap-
paraîtra constamment : bienfaisant et parcimonieux. Bienfaisant : il fait distribuer de la
viande aux pauvres ; mais parcimonieux : il ne
la veut payer que 8 sols la livre, alors que le
boucher veut la vendre 9 sols. Cette observation générale une fois faite, nous suivrons

1. La correspondance échangée entre M. de Montyon et
Parain et citée dans le cours de ce chapitre fait partie de la
collection des archives départementales de Seine-et-Marne,
série E, 82, carton comprenant 347 pièces ; quelques lettres
cependant m'appartiennent ou m'ont été communiquées
par des habitants de la commune de Montyon ; dans ce
dernier cas, j'en indiquerai la provenance.

pas à pas M. de Montyon dans sa correspondance.

26 *novembre* 1787. — « Vous ne me mandez pas combien vous avez reçu de vin pour le cens, de quelle qualité et dans quels tonneaux. Expliquez-le. » Dans la même lettre : « Prenez donc des mesures pour me défaire du foin, de quelque manière que ce soit. Il faut absolument m'en défaire. » La vente du foin est une des grandes préoccupations de M. de Montyon, et l'on verra cette grosse question apparaître constamment dans sa correspondance.

30 *novembre* 1787. — Parain fait passer à Monseigneur le mémoire du menuisier de Meaux. le nommé Tessier. Ce mémoire s'élevait à la somme peu considérable de 6 livres 10 sols. M. de Montyon répond : « Mémoire insensé ; voir le prix des journées et ce qui a été payé précédemment. » Pierre Leloup, manouvrier, demande aussi à être payé « pour avoir donné de l'écoulement à la fontaine du village, d'après les ordres mêmes de Monseigneur. » M. de Montyon répond : « Si ce n'est qu'une demi-journée , payez. »

6 *décembre* 1787. — Parain écrit : « M. Émery demande cent ormes tortillards à acheter des pépinières de Monseigneur pour Monseigneur l'archevêque de Paris, pour sa terre de Bois-le-Vicomte ; je ne lui en ai promis que quand Monseigneur aura donné l'ordre, attendu que Monseigneur m'a chargé d'en délivrer cent cinquante des plus beaux pour monsieur le baron de Breteuil, le ministre. J'attendrai la réponse de Monseigneur à ce sujet, et j'en ferai part à M. Émery. M. de Montyon répond : « Vendre après avoir retenu les 150 de M. le baron de Breteuil. »

18 *décembre* 1787. — Lavaux, fermier, ne remplit pas exactement ses engagements. M. de Montyon écrit : « Dites-lui qu'il faut absolument que lui ou son père vienne me parler et qu'il apporte les papiers. Dites qu'il vienne le jour de Noël de bonne heure. S'il ne vient pas, je vais le poursuivre en justice. »

22 *décembre* 1787. — Parain écrit : « M. Dumont m'avertit que Monseigneur lui avait donné ordre de poursuivre de nouveau la veuve Lantenois pour restant d'arrérage de loyer de

vignes. Monseigneur lui a donné du temps jusqu'au 15 novembre dernier ; elle prie Monseigneur de vouloir bien lui accorder encore un
peu de temps, et qu'elle puisse vendre son vin,
qu'elle a réservé à cet effet pour liquider les
entrées. Monseigneur, réponse, s'il vous plaît. »
M. de Montyon répond : « Il fallait mander cela
auparavant l'ordre donné ; rien à changer. »

22 décembre 1787. — Parain raconte à Monseigneur que la porte *charretière* de sa ferme de
Rocquemont est dans le plus mauvais état et
toute prête à tomber. M. de Montyon se plaint
qu'on ne l'ait pas prévenu plus tôt, mais il ne
donne pas l'ordre de réparer cette porte.

27 décembre 1787. — Eloi Leloup doit à Monseigneur, en vertu d'un transport à lui fait
par Pierre Leloup son père, 28 livres de cens
et rente et une paire de poulets gras. Il veut en
opérer le remboursement. Parain entretient
Monseigneur de cette affaire, et Monseigneur
écrit : « Avant que je réponde, il faudra que je
voie les titres ; me les envoyer. » Assurément,
on ne pourra reprocher à M. de Montyon de
traiter légèrement les affaires.

3 janvier 1788. — L'année 1788 s'annonce
mal. Parain écrit qu'il sera nécessaire que Monseigneur veuille bien accorder du temps à plusieurs, attendu qu'il n'y a point de commerce
ni pour le vin ni pour les fourrages cette année,
et l'on ne pourra payer qu'à mesure que l'on
pourra vendre les denrées que l'on a récoltées.
M. de Montyon se contente de répondre : « Con-
servez l'état. » Ce qui peut se traduire ainsi :
« Je n'abandonne aucun de mes droits et
me réserve de les faire valoir en temps et
lieu. »

6 janvier 1788. — Parain se hasarde à faire à
Monseigneur une observation qui n'est que trop
fondée : « Je renvoie à Monseigneur la note que
je lui ai écrite au sujet du moulin de Chambry,
à cause de la réponse de Monseigneur, que je
n'ai pas pu bien lire. Je prie Monseigneur de
vouloir bien m'écrire ou me faire écrire lisible-
ment, afin que je puisse exécuter les ordres de
Monseigneur en tout point, chose très essen-
tielle pour lui, pour moi et pour le nouveau
meunier. » M. de Montyon écrit en effet fort
mal ; et celui qui, à un siècle de distance, a pris
la tâche de déchiffrer son indéchiffrable écri-

ture, apprécie comme il convient la très juste observation du modeste régisseur.

24 janvier 1788. — M. de Montyon répond à Parain, qui avait prié Monseigneur de « donner du temps » à Jean Rousseau, son débiteur, « avec lequel il n'y a rien à perdre » : « Point de temps ; il est trop tard. Si d'ici la quinzaine il ne peut payer, remettre le marché à M. Dumont pour le faire exécuter et le faire assigner. »

24 janvier 1788. — Parain adresse à Monseigneur un marché double, passé avec les ouvriers pour différents ouvrages exécutés par eux. M. de Montyon refuse d'approuver ce marché et dit : « Cela est follement cher et déraisonnable ; payez seulement des acomptes. »

14 février 1788. — Parain entretient Monseigneur des labours à la bêche exécutés par ordre et dans les conditions indiquées par lui. « Les ouvriers, dit-il, n'ont pu gagner que 12 ou 15 sols au plus par jour, et voulaient quitter ; je les ai engagés à continuer cette besogne, ce qu'ils ont fait. Et je leur ai promis d'écrire à Monseigneur pour l'engager à leur accorder

une gratification à se partager entre eux, qu'ils ont inscrite à juste titre au moins 18 ou 20 livres. » Que répond M. de Montyon ? « Payez le prix que j'ai fixé. Je verrai, à mon premier voyage à Montyon, ce que je leur donnerai de gratification. » Ne pourrait-on pas trouver, dans les lignes qui précèdent, une explication de ce fait incontestable : c'est que le souvenir que l'on a conservé, à Montyon, de M. de Montyon, n'est pas en tout point semblable à ce grand souvenir que l'on a de lui partout ailleurs.

26 *février* 1788. — Les héritiers Jean Le Roy se présentent chez Monseigneur ; ils demandent du temps pour payer, jusqu'à la semaine de Quasimodo, si c'est possible. M. de Montyon s'étonne que Parain ait consenti à transmettre leur demande : « Les héritiers Jean Le Roy ont dénié une créance qu'ils devaient : ainsi, mauvaise foi ! pas de délai. »

26 *février* 1788. — Un peu dur avec ses débiteurs, M. de Montyon témoigne quelque bienveillance à Parain, atteint d'une douleur à la main droite. « Envoyez-moi de vos nouvelles, » lui dit-il. Tant que Parain sera souffrant, M. de

Montyon ne manquera pas de s'intéresser à sa santé, en termes excellents, et même, au besoin, il lui indiquera des remèdes et l'engagera à venir voir à Paris son propre médecin.

7 mars 1788. — M. de Montyon écrit à Parain : « Il faudra faire voir cette incommodité ; cela n'est pas ordinaire et peut avoir des suites. Les remèdes sont dangereux ; prenez-y garde. Le plus simple est le meilleur. Peut-être le moins dangereux est de mettre votre main dans un baquet plein d'eau tiède et de l'y laisser un demi-quart d'heure. Si vous voulez venir à Paris, je vous ferai voir quelque chirurgien qui distinguerait la nature de la maladie ; mais, si vous venez, que ce ne soit ni un samedi, ni un dimanche, ni un lundi, et avertissez-moi au moins huit jours d'avance. Ce peut être une tumeur ; aussi gardez-vous bien de ne rien appliquer sur votre main : cela serait très dangereux. »

7 mars 1788. — M. de Montyon écrit : « Pour la veuve Jérôme Lantenois, quand elle est assignée, il faut qu'elle paye ainsi que les autres. »

21 *mars* 1788. — Pierre Tocu a reçu un commandement au sujet du cens qu'il doit. Il n'a pas d'argent quant à présent ; mais il a une succession à recouvrer et demande du temps pour payer. M. de Montyon fait cette réponse laconique : « Quand une fois les ordres sont donnés, il n'y a pas à revenir. »

21 *mars* 1788. — Parain expose que Gervin, le plâtrier, vient d'être atteint de paralysie. C'est un honnête homme et qui occupe beaucoup d'ouvriers ; on est dans la désolation. La réponse de M. de Montyon est très laconique et n'indique pas de sa part une sensibilité exagérée : « Réglez mes comptes avec lui. »

3 *avril* 1788. — Encore la veuve Jérôme Lantenois ; elle a payé à compte 12 livres sur 26 livres qu'elle devait ; elle demande à ne payer les 14 autres livres restant dues qu'à la Saint-Jean. M. de Montyon ne veut pas décider immédiatement une aussi grosse affaire : « Il verra lors de son premier voyage à Montyon. »

16 *avril* 1788. — Assez dur vis-à-vis de ses débiteurs, M. de Montyon ne veut cependant

les poursuivre que s'ils sont solvables et désire
éviter les frais inutiles. Patron, arpenteur à
Chambry, doit 18 livres pour cent trois fagots
achetés à M. de Montyon. Le seigneur d'Automne va faire vendre les meubles de Patron, et
Parain demande à Monseigneur s'il veut former
opposition sur le prix de la vente? « Oui, répond
M. de Montyon. mais seulement si cette opposition ne coûte que 2 livres. »

5 *mai* 1788. — Parain écrit : « Je fais passer à
Monseigneur le plan des adjudications à faire
en la présente année 1788. Je vois avec peine
la trop grande perte que Monseigneur est dans
le cas de supporter cette année par la dégradation de ses luzernes occasionnée par la grande
humidité de l'hiver dernier, et tous ceux qui
ont des luzernes sont presque dans le même
cas que Monseigneur. » Un peu sceptique, M. de
Montyon répond : « On donne toujours des raisons pour expliquer les pertes, sécheresse ou
pluie. Peut-être par quelque bonne culture au-
rait-on pu réparer le dommage. »

5 *mai* 1788. — Ce n'est pas seulement aux
foins et aux légumes que l'hiver pluvieux de

1787-1788 causa du préjudice. Parain écrit à M. de Montyon que le mur de clôture de la ferme de Rocquemont vient de tomber l'hiver dernier, et il ajoute : « Monseigneur n'a pas voulu ordonner de réparer ce mur à son dernier voyage, quoique cela fût nécessaire, et depuis il est tombé de lui-même. »

28 mai. — M. de Montyon écrit : « Quand vous pourrez m'envoyer de l'argent, cela me fera bien plaisir. »

4 juin 1788. — Très obligeant de sa nature, Parain entretient longuement Monseigneur de Sébastien Lefèvre, maçon. qui sollicite sa puissante intervention pour obtenir le payement de ce qui lui est dû par l'abbé de Soulange, décédé. M. de Montyon ne demande pas mieux que de s'occuper de l'affaire, mais il trouve que c'est perdre son temps que d'écrire aussi longuement que le fait Parain. Dans toute cette lettre, M. de Montyon malmène assez vivement ce pauvre Parain. Connaissant l'économie de son maître, Parain, quand il envoie de l'argent à M. de Montyon, le prie de lui retourner le sac en lui disant qu'il n'en a pas d'autre. M. de Montyon s'im-

patiente et lui dit : « Je vous ai renvoyé votre
sac, mais il est bien inepte de ne pas savoir
faire faire un sac avec de la toile. »

20 *juin* 1788. — Les fermiers de la paroisse
de Montyon prient instamment M. de Montyon
de vouloir bien leur permettre de rétablir, le
mieux qu'il leur sera possible, les mauvais chemins dans Montyon pour la moisson. Monseigneur répond : « Rien à faire qu'un simple char-
gement. Quant à l'entretien des chemins, cela
est facile, en mettant des pierres et en faisant
couler les eaux. » Comme on lui demande de
faire construire une petite arche qui permettra
à l'eau de passer dessous et aux voitures de passer dessus, Monseigneur fait remarquer qu'il a
donné beaucoup et qu'on devrait lui être reconnaissant. « Cette dépense, ajoute-t-il, doit se
faire par les particuliers eux-mêmes. »

28 *juin* 1788. — M. de Montyon ne craint pas
de descendre aux soins les plus minutieux,
lorsqu'il s'agit d'administrer ses biens. Il écrit
à Parain : « Faites cueillir les cerises qui sont
sur les jeunes arbres à Marchémoret, le long
du pavé. Vendez-les à quelque prix que ce soit.

Vous avez négligé cet article ; il faut que j'y veille de Paris. »

3 juillet 1788. — Parain s'est ému à l'observation que Monseigneur lui a adressée au sujet des cerises, et il écrit : « Je n'ai pas fait cueillir les cerises des jeunes cerisiers de Marchémoret sur le pavé. Cotel dit qu'elles lui sont accordées par son bail des cerisiers de Marchémoret ; d'ailleurs la chose est de si peu de valeur qu'il n'y en a pas seulement pour le temps. Cotel en parlera à Monseigneur à Paris dimanche prochain. » Mais Monseigneur ne veut pas que Parain ait le dernier mot avec lui, et il répond : « Voyez le bail de Cotel. Il est essentiel qu'on cueille ces cerises, pour qu'on ne casse pas les arbres en les prenant et qu'on ne s'accoutume pas à les voler. Soyez donc plus prévoyant. » Le reproche est dur et peu mérité. Avoir été intendant de Provence et d'Auvergne, être un des conseillers d'État du roi, et tant se préoccuper de quelques cerises, il y avait de quoi déconcerter Parain ; mais Parain se soumet et exécute les ordres de Monseigneur.

10 juillet 1788. — Parain prévient Monseigneur qu'un violent orage a causé des dégâts considérables à Montyon et dans les environs. Aussi les habitants prient-ils Monseigneur de bien vouloir les recommander auprès de monseigneur l'intendant. M. de Montyon promet; mais il ne sait pas trop quels sont les officiers de justice que cela regarde, et il demande qu'on lui fasse connaître leurs noms.

14 août 1788. — M. de Montyon envoie ses ordres pour le ban des chaumes et des vendanges relativement aux trois paroisses dont il est seigneur. Le ban des chaumes aura lieu le 9 septembre, à onze heures du matin. Le ban des vendanges sera mis, comme de coutume, à la pluralité des voix des vignerons.

14 août 1788. — M. de Montyon s'étonne de la mauvaise récolte des fruits, et Parain de lui répondre : « C'est le grand sec qui en est la cause. Monseigneur ne veut pas permettre de faire écheniller les arbres à fruit, ce qui serait de peu de dépense. C'est ce qui fait que les fruits sont moins abondants, car le village en a beaucoup plus que Monseigneur. » Parain pourrait bien avoir ici raison contre son seigneur.

28 *août* 1788. — Réparations au pressoir, réparations au banc seigneurial à l'église, réparations à la ferme tenue par Lavaux ; tel est le bilan des travaux que Parain soumet à Monseigneur. M. de Montyon répond : « Qui a abîmé le pressoir? Qui a cassé les bancs ? Désordre partout. Rien à faire pour le présent. Les réparations demandées par Lavaux sont locatives et par conséquent à sa charge. » Décidément, M. de Montyon n'aime pas les travaux.

6 *novembre* 1788. — Parain écrit : « Je préviens Monseigneur que la mangeoire de l'écurie de la ferme de Chambry est dans le plus mauvais état, au point que les chevaux n'y peuvent plus manger l'avoine, ni même on ne peut point les attacher aux pieds de bois, qui sont usés et coupés de toutes parts. » Monseigneur répond : « Je ne veux pas qu'on fasse rien à cette écurie. »

13 *novembre* 1788. — M. de Montyon adresse de vifs reproches à Parain, qui ne le tient pas au courant des dégâts de toutes sortes opérés sur ses propriétés : « Vous avez grand tort de ne pas m'avoir averti. Vous qui êtes un honnête homme, vous devez sentir que vous ne prenez

pas suffisamment mes intérêts. Il est également
très mal de votre part de ne m'avoir pas mandé
que les arbres n'étaient pas cultivés. »

20 novembre 1788. — Parain écrit : « Jean
Cors, qui doit pour arrérages de loyers de vignes, a eu plusieurs saisies qui le consument
en frais. Je prie Monseigneur de vouloir bien
avoir des égards pour ce pauvre malheureux,
qui est à présent malade, qui payera, en lui donnant le temps. » Monseigneur consent à attendre
jusqu'au 1er mars, mais à l'avenir il ne reviendra
plus sur les ordres donnés.

20 novembre 1788. — Parain fait savoir à
Monseigneur que Pierre Lelong sollicite la main-
levée d'une opposition. Monseigneur refuse, et
il ajoute en s'adressant à Parain : « Vous m'en-
nuyez. » Ces mots auraient dû faire réfléchir
Parain et le rendre un peu plus circonspect ;
mais il n'en fut rien et Parain reprend son rôle
d'intercesseur : « Louis Merland, de Saint-Pathus, est venu ce jourd'hui payer 24 livres à
compte sur la rente de 47 livres qu'il doit par
an à Monseigneur, à cause de sa terre de Marchémoret ; il a eu le malheur d'être totalement

grêlé le 13 juillet dernier ; il prie Monseigneur
de vouloir bien avoir égard à ses malheurs et
de lui faire quelque remise à cet égard. »
Et, afin d'attendrir Monseigneur, le bon Parain
raconte longuement que l'on va prendre au sus-
nommé Merland une partie d'un clos à lui appartenant pour établir un chemin entre les
communes d'Oissery et de Saint-Pathus, et que
lui Parain a l'intention d'aller voir les lieux.
Monseigneur arrête un si beau zèle : « N'allez
pas voir le clos de Merland, mais mes arbres,
qui sont honteusement négligés ; aucune remise
à faire. »

4 *décembre* 1788. — Parain raconte une visite
de la maréchaussée à Montyon. « La maréchaussée est aujourd'hui à Montyon ; le briga-
dier, à qui je parlai, m'a demandé s'il ne se
passait rien dans la paroisse à ma connaissance
contre le bon ordre ; je lui fis réponse que je ne
connaissais rien qui regarde sa partie ; il me
charge d'écrire à Monseigneur qu'il est venu
dans sa terre avec un cavalier pour faire sa visite. Je viens d'apprendre que, dimanche dernier, il y avait eu quelque dispute et batterie
dont je ne connais ni le fait ni les personnes

qui en sont l'auteur; mais j'ai ouï dire que
M. le curé s'était chargé d'en écrire à Monseigneur pour lui en rendre compte. La réponse
de M. de Montyon est courte : « Il fallait me le
mander ; c'est votre affaire (et non pas celle du
curé). Il fallait le dire à la maréchaussée. »

13 *décembre* 1788. — L'ordre le plus strict
régnait dans l'hôtel que M. de Montyon habi-
tait, à Paris, rue des Francs-Bourgeois, avec sa
sœur Mme de Fourqueux et son beau-frère
M. de Fourqueux, ministre d'Etat. Biédain, son
intendant de Paris, écrit à Parain : « J'ai reçu le
10 de ce mois, par le voiturier de M. Lefèvre,
les 208 bottes de foin marchand que vous avez
envoyées ; j'en ai pesé la plus grande partie, en
présence des cochers de M. et de Mme de Fourqueux et de celui de M. de Montyon ; sur
100 bottes, je n'en ai eu que 31 bottes que le
poids ait monté à 10 livres ; toutes les autres ont
été de 8 livres 1/2 à 9 ou 9 livres 1/2 ; ce poids
est trop défectueux pour être reçu. »

2 *janvier* 1789. — L'année 1789 commence
par une bonne action de M. de Montyon.
L'hiver est des plus rigoureux et la misère très

grande. M. de Montyon envoie 200 livres de riz pour être distribuées aux pauvres, et en même temps il donne des instructions pour accommoder ce riz. Mais il paraît que ces instructions sont coûteuses et peu faciles à exécuter. « Il n'est pas possible d'exécuter vos ordres, lui écrit Parain. Il faut : 1° un lieu destiné pour faire cette cuisson ; 2° une personne pour la faire, qu'il faut payer à 25 sols par jour; 3° deux marmites ou chaudières, qui pourront coûter au moins 72 livres; 4° dix livres de pain à 3 sols; 5° dix pintes de lait, qu'il n'est pas possible de trouver; 6° huit onces de sel au moins, revenant à 7 sols; 7° dix seaux d'eau de fontaine. Il faut payer aussi pour au moins une demi-journée d'homme, car moi-même je ne peux pas y suffire. En attendant, ces secours ne peuvent pas être employés pour les pauvres. Monseigneur en décidera comme il voudra ; mais il aurait bien mieux valu donner du pain, ou du blé, ou de l'argent. Sans quoi il n'y a pas de possibilité à soulager les pauvres, qui ont besoin de prompts secours, qu'à moins que Monseigneur ne fournisse le logement, le bois et autres dépenses; sinon le riz ne sera point employé. Je répondrai à Monseigneur sur les autres articles dont il

m'a écrit quand je pourrai écrire. Je ne puis
même le faire chez moi, attendu qu'il gèle l'en-
cre et la plume; il n'est pas possible d'écrire. »
M. de Montyon se contente de répondre : « Vous
cherchez toujours des difficultés, jamais des
expédients. Si messieurs les curés veulent, ils
feront préparer le riz. S'ils ne veulent pas, ils le
distribueront aux personnes qui feront cuire le
riz en suivant la méthode imprimée; cela ne doit
pas être plus difficile à Montyon qu'ailleurs. »
Et comme, à la fin de sa lettre, Parain ajoute :
« Mme Lavaux (c'est la fermière) a une vache
morte de froid, et il en mourra bien d'autres,
attendu qu'il n'y a pas de planches aux étables
à vaches, » M. de Montyon ne se laisse pas émouvoir : « Des réparations ont été convenues à
mon dernier voyage; rien à changer pour le
présent. » Qu'advint-il des vaches de Mme Lavaux? Je l'ignore. Ce qu'il y a de probable, c'est
que Parain continua à réclamer en faveur des
pauvres bêtes et peut-être aussi en faveur des
paysans auxquels on donnait du riz au lieu de
pain; mais ses plaintes et doléances, loin d'être
prises en considération, finirent par mécontent-
ter M. de Montyon.

19 *février* 1789. — M. de Montyon dit : « Vous
répondez sur tous les objets avec une humeur
indécente, et vous répondez mal. Corrigez-vous
de votre humeur et me répondez mieux. »

21 *février* 1789. — Parain répond humble-
ment : « Il est vrai, Monseigneur, que j'ai écrit
très grossièrement cette fois-ci; j'en suis fâché;
cependant, quand je demande des choses justes
à Monseigneur, ce n'est jamais pour moi que je
demande. » Puis entre le maître et le domestique recommence cette interminable question
des bottes de foin mal bottelées : « Votre négligence me fait beaucoup de tort; aussi vous
devez en être fâché; mais votre regret doit vous
amener à plus d'attention. » M. de Montyon
continue la série de ses observations : « Je ne
suis pas décidé à faire le four de la ferme. Il faut
tout préparer d'avance quand je viens à Montyon. Conformez-vous exactement à tout ce que
je prescris. » Puis, revenant sur sa précédente
décision, il dit : « Je me détermine pourtant à
faire faire le four de la ferme, » et il ajoute :
« Mais il faudra économiser sur le reste. »

18 *avril* 1789. — Parain n'entretient pas

seulement M. de Montyon de l'administration de ses biens; il lui raconte aussi les visites qu'il reçoit et les avis que l'on demande à Monseigneur : « Monseigneur, le nommé Pierre Trouet, habitant de Chambry, vient de se présenter chez moi pour vous représenter que l'on veut s'emparer de son héritage pour faire l'embranchement du pavé qui doit être fait à commencer de la paroisse de Chambry pour conduire jusqu'à la route de Meaux à La Ferté-Milon. Il a l'honneur de vous faire passer ci-joint son exposé en forme de requête, dressé par lui-même. »

22 *avril* 1789. — M. de Montyon répond : « Voilà bien des écrits, bien des papiers et une affaire mal expliquée. » Il annonce d'ailleurs qu'il a correspondu au sujet de ce chemin avec l'intendant de la généralité de Paris, et il termine en disant (remarquez que nous sommes en avril 1789) : « Les assemblées pour les états généraux font qu'on ne répond pas exactement. » Est-ce une constatation purement matérielle d'un fait ? Est-ce une critique ? Est-ce une excuse ?

29 *avril* 1789. — Dans la correspondance échangée entre M. de Montyon et son régis-

seur, il est souvent question de la misère
effroyable qui fut la conséquence de ce terrible
hiver de 1789. Parain écrit : « Les grains sont
d'une cherté excessive ; présentement, le blé se
vend 35 livres le setier, mesure de Meaux ; c'est
le plus beau blé. Le monde ne peut plus y tenir.
Si Monseigneur veut envoyer quelques charités
dans les paroisses dont il est seigneur, ce serait
un grand bien pour les indigents, qui sont en
très grand nombre. » M. de Montyon répond :
« En me demandant des charités, il fallait
m'envoyer les noms de ceux qui souffrent le
plus. »

7 mai 1789. — Parain envoie les noms :
1° François Patron, neuf enfants; 2° Jean-Baptiste
Fauvet, six enfants; 3° Denis Patron, quatre enfants ; 4° Pierre Parain, mon frère, six enfants,
dont le plus âgé a huit ans et demi, et beaucoup
d'autres dans la paroisse. Parain termine sa
liste par cette réflexion profondément triste : « Et
beaucoup d'autres encore, et, pour dire la vérité,
il n'y en a pas beaucoup d'autres qui ne souffrent
pas. » Enfin il insère dans sa lettre ce post-scriptum, qui passa peut-être inaperçu de monsieur le
conseiller d'État, mais dont la lecture à un siècle

de distance paraît comme l'annonce de la Révolution : « Partout on se révolte. »

La misère était alors atroce, et, comme le constate l'honnête Parain, des explosions populaires
avaient lieu de toutes parts. La souffrance du
peuple se tournait en fureur. A peine si en temps
normal le paysan avait le peu qu'il lui fallait
pour ne pas mourir de faim ; aussi un hiver dur
comme celui de 1789 suffisait-il pour lui enlever
ce peu. C'était alors l'agonie de la faim qui commençait pour lui. Massillon a, dans un admirable langage, dépeint la misère affreuse des
paysans sous l'ancien régime [1]. Il me semble
que Parain est presque aussi éloquent que le
grand évêque de Clermont, et l'on frémit en
pensant que, dans ce village de Montyon, actuellement riche et prospère, tout le monde
était presque réduit à la mendicité.

Cependant nous sommes sous le gouvernement humain de Louis XVI. Le roi est honnête
et aumônier, et le seigneur de Montyon est le
grand philanthrope dont le nom est devenu le
synonyme de la bienfaisance en France. Qu'était-

1. *Resumé de l'histoire d'Auvergne*, par un Auvergnat.

ce donc que la souffrance dans nos campagnes sous un Louis XV et lorsque le seigneur n'était pas charitable comme M. de Montyon? C'est Massillon qui nous le dit : « Les nègres de nos colonies sont infiniment plus heureux que nos paysans, car en travaillant ils sont nourris, au lieu que les paysans les plus laborieux ne peuvent avec le travail le plus dur avoir du pain pour eux et leur famille. »

M. de Montyon ne ferme pas l'oreille aux prières de Parain, et voici la liste de ses charités : A François Patron, qui a neuf enfants, 6 livres; à J.-B. Fauvel, qui en a six également, 6 livres. Denis Patron, qui n'a que quatre enfants, obtient 4 livres seulement. Pierre Parain, frère du régisseur, ne trouve pas, dans cette qualité, un accroissement en sa faveur de la générosité de M. de Montyon. Il a six enfants et reçoit 6 francs. En résumé c'est 1 livre par tête d'enfant que donne M. de Montyon, et le total forme la somme de 22 livres, ainsi que prend la peine de nous en informer Parain.

Sans doute, le total paraît peu élevé; mais le paysan n'était nullement habitué aux bienfaits. Souffrir, c'est le rôle de « Jacques Bonhomme ». La misère, c'est pour lui comme la grêle, la

pluie, la neige : il faut l'accepter. Cependant,
depuis la seconde moitié du XVIIIe siècle, on
commençait à ressentir une certaine compassion pour les souffrances du peuple. Les membres de la haute aristocratie étaient imbus pour
la plupart de maximes humanitaires. Il était de
bon ton d'avoir un cœur sensible, une âme
tendre. Les actes, il est vrai, n'étaient pas à la
hauteur des bonnes intentions. On jouait, à
Trianon, un peu trop à la bergère : mais le roi
Louis XVI, les ducs d'Harcourt, de Larochefou-
cauld. M. de Turgot et bien d'autres abritaient,
sous le nom nouveau de philanthropie, la vieille
charité chrétienne. M. de Montyon est peut-
être le type le plus achevé du philanthrope.
Sans doute, il n'a pas ces grands élans de pitié
qui font que l'on se dépouille pour son prochain. Sa générosité est parcimonieuse, mais
elle est réelle. S'il m'était permis d'emprunter
un de ses termes au langage scientifique, je
dirais que c'est la générosité et la parcimonie,
combinées ensemble, qui ont produit ces nombreuses fondations qui portent le nom vénéré
de M. de Montyon. Mais revenons à la correspondance échangée entre M. de Montyon et
Parain.

18 *mai* 1789. — Avec le mois de mai, le beau temps semble vouloir revenir, et avec le beau temps les espérances des cultivateurs ; aussi M. de Montyon mande-t-il à Parain : « Tâchez d'avoir de l'argent à me remettre pour le mois de juin. »

22 *mai* 1789. — Parain fait passer à Monseigneur la somme de 1200 livres ; mais, au risque d'être encore traité d'inepte par Monseigneur, il le prie de lui renvoyer le sac, car il n'en a pas d'autre, et il ajoute : « Si Monseigneur juge à propos de donner quelque chose au porteur, c'est un honnête homme, obligeant et chargé de famille. » Décidément, Parain sollicite constamment pour les autres la charité de son seigneur. En marge de la lettre de Parain, M. de Montyon écrit : « Donné. » Mais qu'a-t-il donné ? Un simple chiffre aurait suffi pour nous permettre de répondre au reproche de parcimonie quelquefois adressé à M. de Montyon ; ce chiffre manque. Passons.

27 *mai* 1789. — Longue lettre d'affaires qui témoigne du soin minutieux que M. de Montyon apportait dans l'administration de ses pro-

priétés : « Combien ai-je de foin dans mes greniers, et de quelles récoltes ? Combien en ai-je récolté l'année dernière ? combien en ai-je gardé ? A quelle somme estimez-vous que pourra monter la prochaine adjudication ? Mettez bien tout en ordre. Je ne sais si je pourrai aller à Montyon pour le 7 juin. » Il est probable que M. de Montyon ne put se rendre à son château le dimanche de la Trinité, qui tombait cette année le 7 juin.

14 *juin* 1789. — Parain écrit : « J'ai reçu tous les papiers que Monseigneur m'a fait passer ; je ferai en sorte de ne rien négliger pour son service, ni même pour ses intérêts, quoi qu'il en soit. » La dernière partie de cette phrase indisposa M. de Montyon.

17 *juin* 1789. — M. de Montyon, d'un ton quelque peu dur, dit à Parain : « Votre style est mauvais, et vous répondez mal ». Mais il se radoucit presque aussitôt et ajoute : « Mandez-moi des nouvelles de votre mère, et soyez sûr de l'intérêt que je prends à vous. »

25 *juin* 1789. — Parain reçoit la note suivante, tout entière de la main de M. de Mon-

tyon. « Pressé. Parain demandera à Platteaux,
ou plutôt à sa femme, réponse sur un jeune
homme de dix-huit ans, propre au service,
neveu de la femme Platteaux ; il demeure à
Meaux. Biédain a écrit plusieurs fois pour savoir sa taille, son âge, et avoir de son écriture. »

29 *juin* 1789. — Parain répond : « Platteaux
me charge de faire réponse à Monseigneur que
son neveu est à Paris, et qu'il doit être de retour sous peu de jours, et qu'il fera le détail
à Monseigneur de la personne de son neveu,
qui est le fils du frère de Platteaux, âgé de
dix-sept ans, taille de 5 pieds 3 pouces, assez bel
homme. Et il enverra de son écriture à Monseigneur dès qu'il sera de retour à Meaux ; il doit
se rendre à Montyon chez Platteaux. »

1ᵉʳ *juillet* 1789. — M. de Montyon trouve que
la réponse s'est fait trop attendre ; il écrit à Parain : « Il fallait faire réponse plus tôt. Il était
bien plus simple de me mander s'il est à Paris ;
je l'aurais envoyé chercher et je l'aurais vu.
Demandez-le au plus tôt à Platteaux. Qu'il aille à
Meaux et me fasse réponse promptement ; j'en-
verrai chercher son neveu et le verrai. » Évi-

demment, le magistrat a l'habitude d'être promptement obéi, et Parain sait qu'il n'y a pas à
répliquer. Il ne cherche même pas à se justifier
par les lenteurs qui, à cette époque, étaient
habituelles à la poste ; et il reprend sa correspondance. Il entretient son maître des menaces
qu'il est obligé de faire aux adjudicataires des
bois de Monseigneur pour leur faire enlever
leurs marchandises. Il les fera saisir. Puis il
reprend cette fameuse question des foins, qui
semble causer une si constante préoccupation à
M. de Montyon : « Il reste dans les greniers à
foin de monseigneur.... 776 bottes de foin de
la récolte de 1788, excellent foin qu'il faut
garder pour la consommation de vos chevaux,
du poids de 18 à 20 livres, nouveau bottelé
sur le pré. Je demande à Monseigneur combien
cette année il désire en faire réserver de grosses
bottes de 18 à 20 livres pesant, ainsi que les ordres pour l'exploitation du reste. »

31 *juillet* 1789. — Lettre assez curieuse,
adressée à Parain par M. Biédain, le secrétaire
de M. de Montyon.

« Monsieur, je vous préviens que M. de
Montyon ne retournera pas à Montyon aussitôt

qu'il vous l'avait fait espérer, obligé de faire
un voyage assez long pour cause de santé et
dont il n'est pas lui-même assuré du retour.
En conséquence, les chevaux lui devenant
inutiles à Paris, il s'est décidé de les envoyer
à la campagne. J'envoie ce matin, 31 juillet,
le postillon avec quatre chevaux coucher à
Montyon ; je vous prie, monsieur, de lui régler
la nourriture de ses chevaux ; c'est un bon sujet,
qui les soigne bien et très utile dans une écurie ;
le grand attachement qu'il a pour l'entretien
des chevaux dont il est chargé pourrait l'obliger
à vous engager de lui donner du foin pour leur
donner. Comme ils ne feront aucun travail pendant leur séjour à la campagne, voici les ordres
de M. de Montyon pour leur nourriture : Point de
foin, trois quarts d'avoine par jour par cheval,
une botte et demie de paille de 20 livres la
botte, par jour, par cheval. M. de Montyon m'a
chargé de vous prévenir que M. et Mme de
Chambry pourraient bien aller passer quelques
jours à Montyon. Il vous recommande d'avoir
pour eux les mêmes attentions comme pour lui-
même, et leur donner en général tout ce qui
pourra leur être utile et nécessaire.

« J'ai fait remettre à M. Chatelin 60 livres de

la part de Mme de Fourqueux : j'en attendais le
reçu, je ne l'ai pas reçu ; je vous prie de lui en
rafraîchir la mémoire, je vous serai bien obligé.

« J'ai l'honneur d'être, monsieur,

« Votre très humble et très obéissant
serviteur.

« Biédain. »

25 août 1789. — « Dimanche dernier 23 de ce
mois d'août, écrit Parain, il a été publié au prône
de la messe paroissiale un édit ou déclaration
contenant 19 articles, entre autres la suppression des justices des seigneurs ; un autre article,
la destruction du gibier, la permission de chasser ; mais je ne puis rendre compte de la forme
de cet article, n'ayant pu bien l'entendre ;
depuis ce temps, j'ai voulu le faire acheter,
mais jusqu'à ce moment on ne le vend pas. Je
ferai en sorte de pouvoir savoir, pour rendre
compte de ce qui concerne la seigneurie de ce
lieu. Avant cette publication et depuis, plusieurs personnes de ce lieu et autres se sont
arrogé le droit de chasser par eux-mêmes sur
la terre, de sorte que le garde ne sait à quoi
s'en tenir, n'ayant pu avoir l'édit ou ordonnance
pour savoir quel parti prendre pour faire son

devoir, tant du côté du gouvernement, auquel il doit obéir, aussi qu'aux intérêts de son maître, qu'il est obligé de veiller pour le bon ordre. Sitôt que nous pourrons avoir ces ordres, nous ferons en sorte de nous y conformer ; mais tout ce que je pense, c'est qu'il en résultera de grands malheurs, si tout le monde a le droit de port d'armes. Il me semble avoir entendu qu'il serait permis à l'avenir de faire le remboursement des cens et rentes dus aux seigneurs, mais je ne puis l'assurer. » Tout ceci est bien grave. Que répond M. de Montyon ? Sa réponse est des plus laconiques. En ce qui concerne la suppression des justices seigneuriales : « J'ai écrit à ce sujet ; mon intention est et doit être de me conformer à tout ce qui sera ordonné. » Pour ce qui est de la permission de chasser accordée à tous : « Il faut se conformer à ce qui est arrêté. Dites à Platteaux, garde, de ne rien faire jusqu'à nouvel avis ; beaucoup de modération ; empêcher d'abord qu'on n'entre dans le parc. » Puis viennent en forme de post-scriptum ces mots : « Mandez à Biédain quels sont les chasseurs. » Ainsi, pas un regret pour le passé, pas une plainte sur le présent, mais l'avenir réservé. M. de Montyon est là tout

entier. Quand il connaîtra les noms de ceux qui
chassent sur ses terres, il les poursuivra si les
circonstances le permettent. D'ailleurs pourquoi
récriminer? MM. d'Aiguillon et de Noailles sont
de meilleure maison que lui, et cependant ils
ont, au nom de la noblesse entière, déclaré
qu'ils étaient heureux de posséder des privi-
lèges, afin de pouvoir en faire le sacrifice. Cette
fièvre de générosité ne s'empara pas au même
degré de M. de Montyon. Il accepte les faits
accomplis, voilà tout. Juriste, il sait que le
droit de justice est devenu une anomalie; il
sait aussi que ce droit est dans bien des
cas plus onéreux que productif pour le seigneur. L'abolition des dîmes n'a rien non plus
qui le puisse mécontenter, car ce qu'il ne per-
çoit pas d'un côté il ne le payera pas de l'autre.
S'il perd comme seigneur de village, il gagne
par rapport aux immeubles qu'il tient en roture
et qui devaient le cens. Eternel système des
compensations, dont l'esprit juste de M. de
Montyon devait comprendre toute la valeur.

25 *août* 1789. — Après quelques mots échan-
gés sur la conduite à observer en présence des
grands changements survenus dans l'ordre

social, M. de Montyon écrit : « Je vous ai déjà mandé de vendre deux de mes chevaux, à quelque prix que ce soit : c'est la grosse jument de Paris, et la petite jument pied blanc ; les vendre à Meaux au premier marché, à quelque prix que ce soit ; je ne veux pas qu'on les nourrisse davantage ; à mon retour, j'en trouverai d'autres à acheter. Je ne garde que la grande jument de brancard et le cheval ; qu'on les occupe à quelque charriage, et qu'on ne leur donne que ce que j'ai réglé : deux boisseaux d'avoine et une botte de paille chacun. »

17 *novembre* 1789. — L'économie a toujours été pour M. de Montyon une préoccupation constante. Il paraît même qu'il ne tenait pas ses fermes en bon état d'entretien. Biédain écrit à Parain : « J'ai fait part à M. de Montyon des réclamations de ses fermiers, en lui observant que les réparations étaient pressées. Je lui ai encore écrit de nouveau pour qu'il prenne un parti. Il paraît ne pas être disposé dans ce moment-ci à faire aucune dépense. Il dit qu'il faut attendre un temps plus calme et plus tranquille. »

Ce temps plus calme et plus tranquille était

encore bien loin. Peut-être M. de Montyon se
montrait-il sagement prévoyant en refusant
absolument toute dépense. Il avait entendu
Mirabeau soutenir qu'il n'y avait que trois
moyens d'exister en société : voler, mendier et
être salarié. Comme aucun de ces trois moyens
ne lui convenait, il en chercha un autre, et il le
trouva dans l'économie. Les événements ne lui
donnèrent que trop raison. Combien de fois ne
dut-il pas, en exil, alors que ses terres avaient
été confisquées, se féliciter d'avoir résisté aux
demandes de réparations que lui adressaient ses
fermiers.

Arrivons à l'année 1792.

Esprit très sage, très modéré et très avisé,
M. de Montyon ne fit point, comme bon nombre
de ses amis : il n'émigra pas dès la première
heure par genre, parce que c'était la mode.

Dans les nombreuses recherches que j'ai
faites aux archives nationales et départementales pour retrouver les papiers de M. de Montyon, il m'est souvent arrivé de parcourir des
correspondances d'émigrés saisies en France.
Ces correspondances attestent presque toujours
un grand désir de se conformer au bon ton, et

le bon ton voulait qu'on émigrât. Ainsi une femme d'esprit, à en juger par ses lettres, écrivait à son mari resté en France [1] :

« 11 *février* 1792. — Voici les événements qui se dessinent, mon cher ami ; j'espère que tu vas t'occuper de ton retour à Mons.

« Tu penses trop bien pour désirer rester en France pendant ces moments si orageux ; si tu ne revenais pas, ta conduite serait blâmée.

« 18 *février* 1792. — On vient sans cesse me demander quand tu reviens. Ennuyée de répondre toujours : « Très incessamment, » je te fais partir depuis quelques jours pour Coblentz, pour aller reprendre ton rang dans les mousquetaires.

« Si cependant tu restes en France, que veux-tu donc que je devienne ? Je ne puis supporter de t'entendre condamner, quoique, dans le fond de mon âme, je ne t'approuverai pas plus qu'eux, si, en ce moment, tu ne viens pas unir ton sort à celui de tes amis. »

1. Archives nationales, *émigrés condamnés*, papiers séquestrés. t. 777-778.

M. de Montyon ne quitta la patrie qu'à la dernière heure, alors qu'il y avait danger à y rester. Homme de très bonne compagnie, il se souciait peu des médisances que son séjour prolongé en France pouvait faire naître. Qu'on le traitât de jacobin à Londres ou à Coblentz, peu lui importait; il savait bien que la fièvre de l'épuration tenait le parti royaliste tout comme la fièvre de la suspicion le parti républicain. Il n'était pas sans ignorer qu'à l'hôtel des Trois-Couronnes les émigrés, arrivés la veille, accueillaient fort mal ceux du jour, qui, à leur tour, exerçaient leurs représailles sur ceux du lendemain; mais il n'attachait qu'une importance médiocre à ces médisances, émanant de gens qui calculaient le dévouement à la cause royale par le plus ou moins d'empressement à sortir de France.

M. de Montyon reprochait aux émigrés de mettre leur frivolité habituelle jusque dans leur dévouement. Il s'étonnait plus qu'il ne s'indignait, quand il s'entendait reprocher son séjour prolongé en France comme une adhésion aux idées nouvelles. Peut-être, par la nature même de son esprit, avant tout modéré, se rapprochait-il de ces honnêtes gens, que les

royalistes purs croyaient flétrir, en les quali-
fiant de « monarchiens »; mais la politique, il
faut en convenir, fut étrangère au séjour prolongé de M. de Montyon en France. Il restait en
France pour éviter la confiscation de ses biens
et peut-être pour les accroître. Nous le voyons
en effet, jusqu'au jour où il est forcé de franchir
la frontière, acheter des propriétés et les payer
en assignats [1]. Ce fut là une des causes de
l'augmentation de sa fortune; car l'indemnité
qui lui fut allouée par le gouvernement de la
Restauration dut avoir nécessairement pour
base l'importance de ses propriétés au moment
même où elles furent confisquées.

Loin de moi l'idée de confondre cet homme
probe avec les spéculateurs de l'époque. Sans
doute les femmes du meilleur monde, retirées
à l'étranger, ne dédaignaient pas l'agiot, et
quelque chose de pis encore, comme l'émission
de faux assignats. J'ai lu de jolies lettres dont

1. Le 2 juin 1793. c'est-à-dire peu de jours avant d'être
déclaré émigré, M. de Montyon achetait par-devant Pierre-
Charles-Gabriel Béville, notaire à Saint-Denis, par son man-
dataire, Vié, des pièces de terre pour une somme de 3040 livres qu'il payait en assignats. Il est qualifié de citoyen Auget
Montyon-Chambry et indiqué comme demeurant à Paris.
(Archives nationales; *Émigrés, condamnés*, papiers séquestrés.
t. 4,1,2).

les aimables signataires seraient aujourd'hui
passibles de la cour d'assises.

Mais, si M. de Montyon augmenta singulièrement sa fortune pendant cette époque troublée, c'est à son habileté et peut-être plus encore
à son économie qu'il en est redevable. Parcimonieux à l'excès, nous l'avons vu exiger le loyer
de ses fermes avec une grande ponctualité.
Nous avons également signalé avec quelle fer-
meté il refusait les réparations sollicitées par ses
fermiers. Il touchait ses revenus, les capitali-
sait et faisait passer ses capitaux à l'étranger.

Pendant la partie de la période révolutionnaire où il resta en France, M. de Montyon ne
fixa sa résidence ni à Montyon ni à Paris, mais
il alla habiter Verny, dans le pays de Gex, c'est-
à-dire à proximité de la frontière de Suisse. De
là il continua à administrer ses biens. L'endroit,
il faut en convenir, était bien choisi; d'une part,
M. de Montyon échappait aux lois appliquées
aux émigrés; d'autre part, il pouvait, à la moindre alerte, se mettre hors de danger en fran-
chissant la frontière. C'est donc de Verny que
nous allons le voir reprendre sa correspondance
avec Parain :

8 *août* 1792. — « J'ai reçu votre lettre du
24 juillet, et depuis M. de Chènevières m'a
mandé que vous lui aviez porté les 8000 livres
que vous lui aviez marquées. Il ne fallait pas
m'envoyer un si grand papier, à cause des
frais de port de lettre. Mandez-moi ce que me
doit Martin Bouchet, le maire ; envoyez-moi
le compte de ce qu'il me doit. Dites au garde
général champêtre que, s'il fait des rapports des
délits commis sur mes terres, je le récompen-
serai. Voyez à me faire rendre justice à Montyon ; si la municipalité ne veut pas me rendre
justice, mandez-moi s'il faut se pourvoir et quels
sont les officiers du tribunal ou du district où
se portera l'appel. Voyez pourquoi je suis imposé
dans une proportion si forte ; demandez cette
explication. Il est impossible que je me détermine à payer un impôt si exorbitant et si contraire aux décrets. Faute de quelque peine de
votre part, vous m'exposez à des surcharges
dont il est ensuite bien difficile de se défaire. »

8 *août* 1792. — « Vous ne m'avez pas envoyé
l'acceptation de Damon, à cause des modifica-
tions que j'ai introduites ; faites-lui observer
que, s'il ne donne pas son acceptation, moi et

les miens nous pourrons revenir plus tard sur
le bail, puisqu'il ne sera pas régulier. Vous ne
me mandez pas où en est la saisie contre Lefèvre ; dites qu'on saisisse les grains dans sa
grange. »

8 *septembre* 1792. — « Je vous ai demandé de
me donner un aperçu de comparaison de l'impôt
auquel sont assujetties mes terres et les autres
terres des autres propriétaires; vous me mandez
que cela est impossible. D'abord, quand je vous
le demande vous devez être persuadé que cela
n'est pas impossible; je sais ce qui peut se faire.
Quand je serai soumis à une somme excessive,
il y aura bien de la peine à se faire diminuer, et
il est de la plus grande importance de prendre
des mesures pour n'être pas traité injustement.
Vous faites des dissertations inutiles et n'exé-
cutez pas; je vous ai écrit au sujet du bail du
moulin, vous me l'envoyez, cela est fort cher
et fort inutile; je vous ai déjà mandé d'économiser ces volumes de papier. »

8 *septembre* 1792. — « Je suis inquiet de ce que
vous me mandez que votre pied vous fait mal.
Faites-y attention, et soyez persuadé de l'intérêt

que je prends à votre santé. Si c'est une foulure,
il faut consulter un chirurgien rebouteur ; il y
en a un très habile à Paris ; vous savez son nom
et sa demeure, chez M. d'Ormesson, rue d'Orléans au Marais. Si c'est de la goutte, ce qu'indi-
quent la rougeur, l'enflure et la douleur, gardez-
vous bien d'y rien faire ; rien de plus dangereux.
Croyez-moi sur cet article, comme sur tous les
autres. »

12 *septembre* 1792. — « Je vois qu'il y a encore
des difficultés à Meaux sur ma qualité de rési-
dant en France. Il faut que l'affaire soit mal en-
tendue ; car il ne peut y avoir de difficultés
quand elle sera bien expliquée, et vous pourrez
montrer cette lettre à qui vous voudrez. J'ai
reçu seulement un certificat de résidence de la
municipalité de Verny et du district de Gex qui
atteste ma résidence dans les meilleures formes.
J'ai trois de ces certificats à diverses époques,
tous dans la forme la plus régulière. L'un de
ces certificats est du 9 mai, un autre du 9 août,
un autre du 7 de ce mois de septembre. Il ne
peut y avoir de résidence mieux constatée. Tous
ces certificats ont été envoyés à M. de Chêne-
vières. Je vous ai déjà fait passer des copies

certifiées de moi, avec offre de faire parvenir par M. de Chènevières des copies authentiques. Je sais bien qu'une copie de moi constitue non pas une pièce légale, mais elle indique l'existence de la pièce et met dans la nécessité de la constater, d'autant que celui qui attesterait une pièce qui n'existerait pas ferait un acte contraire aux lois et à la bonne foi (je ne crois pas que personne m'en pense capable). Mais une attestation, si l'on ne s'y rapporte pas, met au moins dans le cas de constater l'existence de la pièce. Il y a différence entre l'existence de la pièce et le rapport d'une expédition authentique. La première est un devoir à remplir, la deuxième est une formalité. Si une copie certifiée ne paraît pas suffisante dans cette forme, on l'apportera dans celle qui sera indiquée. De plus, il a été envoyé une expédition par-devant un notaire à Paris du certificat du 9 août, et il n'y a pas de loi ni de décret qui déclare qu'une expédition donnée par un notaire de Paris ne soit pas valable. Il n'y a pas d'exemple d'une expédition fausse déclarée par un notaire de Paris, et il y aurait peine de mort. Il faut bien observer que ce n'est pas le notaire qui atteste la résidence, mais qui donne l'expédition du certificat de résidence déclaré par la municipalité, visé par le directoire, signé, scellé par eux et qui est déposé pour minute entre les mains du notaire ; jamais une telle pièce n'a été rejetée ni suspectée. Je sais bien que les administrateurs du district ne visent pas les pièces pour en délivrer des expéditions ; mais, d'après ces expéditions, on peut donner les ordres qu'exige la justice ; bien plus encore, il a été envoyé à monsieur le procureur syndic du district de Meaux par M. de Chénevières un certificat en original en date du 9 août de la municipalité de Verny, avec la signature et le sceau de la municipalité et du Directoire. Si vous avez parlé à monsieur le procureur syndic, il vous l'aura dit. Je ne crois pas qu'il puisse y avoir preuve plus complète. Montrez cette lettre à quiconque le voudra, et on sera convaincu. De plus, M. de Chénevières enverra encore des pièces, si l'on en désire ; je ne sais ce qu'on peut désirer de plus. »

Cette longue lettre clôt la série des lettres adressées par M. de Montyon à Parain. Il est à croire que, malgré l'habileté de ses explications, M. de Montyon ne put convaincre ceux qui gouvernaient alors la France. Ce qu'il y a de certain.

c'est que par arrêté du département, en date du
15 février 1793, il fut déclaré émigré en même
temps que M. d'Orvilliers, propriétaire à Montry ;
Louis de Rohan, évêque de Strasbourg ; Dela-
borde, banquier propriétaire à Coupvray ; de
Montperthuis, ex-colonel à Bussy-Saint-Georges ;
Christophe-Marie de Beaumont, ci-devant comte
à Plessis-Placy ; Dumetz, ex-président à la Chambre des comptes, propriétaire à Dammartin [1].

S'il me fallait, comme on dit au palais, conclure sur les pièces de la correspondance échangée entre M. de Montyon et son régisseur Parain, mon opinion serait que M. de Montyon
était un administrateur habile, avisé, prudent,
économe à l'excès, homme d'ailleurs bienveillant, s'intéressant volontiers à ceux qui l'ap-
prochaient, voulant et sachant faire le bien. Ce
portrait s'éloignerait peu en somme des éloges
qu'on a l'habitude de lui décerner.

J'ai voulu recourir à une autre source de ren-
seignements. J'ai interrogé à Montyon même la
tradition. La tradition est restée presque muette.

---

1. Le 15 fructidor an IV, Jean-Nicolas Chatelin et Éloi
Denizot, charpentier à Montyon, se portent acquéreurs du
château de Montyon, qu'ils achètent la somme de 34 317
francs. (Archives départementales de Seine-et-Marne.

Sans doute quelques anciens se souvenaient encore de M. de Montyon, mais sa mémoire n'était point gravée dans leurs cœurs.

Voici cependant une anecdote qui m'a été racontée par le représentant d'une des plus anciennes familles du pays. Cette anecdote, fort simple d'ailleurs, atteste une véritable bonhomie de la part de M. de Montyon.

C'était un matin, M. de Montyon respirait l'air à une fenêtre de son château, quand il aperçut une bande de gamins en train d'escalader le mur de son parc pour de là s'élancer vers un arbre où une grive avait posé son nid. Le plus hardi de la bande, le jeune Augustin Parain, montait à l'escalade ; les autres, le nez en l'air, l'excitaient de la voix et du geste, quand M. de Montyon apparaît la canne levée. Les oiseaux effarouchés, pas les grives mais bien les gamins, s'envolent. Reste Parain, monté sur l'arbre, qui, à la vue de la canne de son seigneur, montait, montait toujours. M. de Montyon fit les sommations d'usage. Le gamin n'était pas convaincu. M. de Montyon en arrive aux menaces ; le gamin monta encore.

De guerre lasse, le châtelain fit des propositions d'accommodement

M. de Montyon dut laisser sa canne au pied de l'arbre et se retirer à distance respectueuse. Le gamin, à ce prix, consentit à descendre, laissant les petits à leur mère [1].

L'historiette est gentille, elle est tout à fait dans le goût du XVIIIᵉ siècle et peint M. de Montyon, tel que nous nous le représentons volontiers; mais elle est isolée.

On parle peu de M. de Montyon dans le pays, me disait un vieillard [2] dont la mère avait été au service de Mme de Fourqueux, la sœur de M. de Montyon. Ce silence fait autour d'un homme dont le nom est resté si populaire partout ailleurs s'explique par le mécontentement que les habitants de Montyon ont dû éprouver lorsqu'ils ont su que leur ancien seigneur avait partagé son énorme fortune, s'élevant à près de 7 millions de francs, entre les hospices de Paris et les Académies et n'avait légué à leur commune qu'une somme de 300 francs [3]. Tou-

1. Déposition de M. Eugène Boucher.
2. Déposition de M. Toen père.
3. On a cherché une explication du peu d'importance de ce legs. M. l'abbé Becheret, décédé il y a quelques années curé de Montyon, a, dans une histoire manuscrite de cette paroisse dont je dois communication à la bienveillance de M. le chanoine Denis, de Meaux, cru trouver cette explication. Voici ce qu'il dit à ce sujet : « Tous les biens de M. de

tefois il ne faudrait pas induire de ce silence,
improbateur j'en conviens, que M. de Montyon
ait laissé à Montyon, comme l'a dit une femme
d'esprit, la réputation d'un « homme dur et sordide » [1]. Une autre déposition que j'ai sous les
yeux [2] et qui émane d'un honorable habitant de
Chambry, commune située dans le voisinage de
Montyon et dont le philanthrope était également
seigneur, atteste le contraire : « L'inépuisable
charité de M. de Montyon s'étendait jusqu'aux
pauvres de Chambry, dans de grandes proportions. On pouvait compter une soixantaine de
malheureux venant le saluer lors de toutes ses
visites à Chambry. La distribution des aumônes
avait lieu sur le vaste perron de l'entrée prin-

Montyon furent vendus pendant la Révolution. Or il tenait
beaucoup à son château : on raconte qu'il avait chargé un
de ses serviteurs de s'en rendre acquéreur. Mais le fidéicom-
missaire qui s'était enrichi au service de son maître trouva
bon de garder pour lui la propriété. Un jour, dit-on également, après le retour de l'émigration, M. de Montyon voulut
visiter son ancien domaine, où il pensait rentrer : mais en
chemin il apprit comment avait agi son ancien serviteur au
sujet du château : bien vite il rebroussa chemin et reprit la
route de Paris. Il est donc facile de s'expliquer pourquoi
M. de Montyon ne comprit pas la commune de Montyon
dans les fondations qu'il a laissées. » Nous ne relèverons pas
la petite erreur matérielle commise par M. Becheret, qui ne
parle pas du legs de 300 fr.; mais nous ferons remarquer
que, outre son invraisemblance même, ce récit ne s'appuie
sur aucun document.

1. Mémoires de Mme de Créquy.
2. Déposition de M. Douchet

cipale de la maison du fermier. Déjà cet apôtre de la bienfaisance faisait ses distributions périodiques administrativement; je veux dire qu'il proportionnait ses aumônes d'après le résultat d'une enquête préalable sur la conduite et sur les moyens d'existence de chacun de ces infortunés. Les quémandeurs étaient fortement gourmandés et ne recevaient rien. »

La dernière ligne de cette déposition laisse deviner que M. de Montyon, en faisant le bien, obéissait au devoir plus qu'il n'était guidé par le cœur; mais cette ligne est loin de suffire pour expliquer l'indifférence un peu malveillante des anciens vassaux de M. de Montyon.

C'est encore une lettre adressée à Parain qui va jeter quelque jour sur cette situation vraiment curieuse. Cette lettre est postérieure de vingt-trois années à celles que nous avons citées ou reproduites; elle porte la date du 29 avril 1815 [1].

« 1° Je reçois votre lettre du 28 de ce mois.

« 2° Ménagez votre santé, je m'y intéresse.

« 3° Pour les rentes que je vous charge de percevoir, il faut bien prendre garde que ce ne

---

1. C'est à l'obligeance de M. Gredelue que nous devons la communication de cette lettre.

sont pas des cens qui sont supprimés, mais des rentes; vous en aviez l'état, et sûrement vous le retrouverez; par exemple, il y a une rente de trente francs sur la maison qu'occupe Chetelin dessus la ferme de la Recette.

« Il y en a une autre sur la maison du boucher que vous redonnerez à nouveau loyer; envoyez-moi l'état.

« 4° Pour la forme des quittances, vous met-
« trez : Reçu par M. de Montyon de...... la
« somme de...... pour...... d'une rente due par
« lui sur....

« 5° On peut demander vingt-neuf années d'arrérages, mais il ne faut demander que cinq années. Si l'on paye au receveur des domaines, rien à demander.

« 6° Je vous donnerai par le percepteur le sol par livre de ce que nous recevrons.

« 7° Pour plus de sûreté et de facilité, je joins ici un pouvoir pour vous, et je verrai si je puis vous être utile.

« Comptez sur mon affection pour vous ! »

Le pouvoir est joint à la lettre et il est ainsi conçu :

« Je soussigné, Antoine-Jean-Baptiste-Robert Auget de Montyon, donne pouvoir à Fiacre Parain, habitant de Montyon, de, pour moi et en mon nom, recevoir les arrérages qui me sont dus à Montyon, Chambry, Marchémoret, Villeneuve-Saint-Denis et Vieux-Maisons, de rentes dues par diverses personnes, et les quittances qu'il donnera en mon nom seront aussi bonnes que si elles étaient données par moi-même.

« Ce 29 avril mil huit cent quinze.

« AUGET DE MONTYON. »

Ainsi donc, nous sommes en 1815, les Bourbons sont rentrés en France et avec eux M. de Montyon. L'agitation est extrême; de vagues rumeurs circulent partout; on parle tout bas, à la veillée, de ces princes dont on n'avait même pas conservé le souvenir et qui reviennent en maîtres. On est d'abord plus étonné qu'alarmé. Mais les plus avisés et surtout les acheteurs de biens nationaux se demandent si ces princes, qui, suivant une formule célèbre, « n'avaient rien appris ni rien oublié, » ne vont pas rétablir l'ancien régime. L'ancien régime, c'est là l'ennemi. L'ardeur de la suspicion chez le peuple est énorme. Si, comme le fait justement remarquer M. Bardoux [1], « certains descendants des classes nobles en étaient encore à ne voir dans les événements accomplis qu'une révolte éternellement illégitime ; la masse de la nation au contraire était unanimement convaincue que jamais bouleversement social ne s'était opéré par des doctrines qui renfermassent autant de vérités. » Ces vérités, on était prêt à les défendre, alors qu'elles n'étaient peut-être pas sérieusement menacées. Les intérêts et les idées étaient irrévocablement unis. Le paysan commençait à s'inquiéter de ses destinées. Il lui semblait qu'on remettrait en question ce qu'il croyait avoir définitivement conquis. Une inénarrable méfiance s'était emparée de lui. La méfiance engendre la peur ; et souvent, on le sait, il suffit d'un mot pour répandre l'alarme.

C'est précisément ce mot-là que prononce M. de Montyon. Il réclame immédiatement les cinq années d'arrérages des rentes dues par certaines personnes. C'est plus qu'il n'en fallait pour jeter l'effroi. De là à revendiquer les biens vendus par la nation, on pouvait croire

---

1. *Le comte de Montlosier*, par M. Bardoux, député. Paris, 1880.

qu'il n'y aurait qu'un pas, et ce pas était facile
à franchir. Aussi le retour de M. de Montyon
réclamant des droits contestables et à coup sûr
oubliés produisit une émotion telle que son
souvenir ne put jamais s'en dégager complète-
ment. Encore aujourd'hui, le grand philanthrope, le citoyen dont la vie était si simple
et si austère que les courtisans la regardaient
comme une critique à leur adresse, est presque
considéré à Montyon comme la personnification
de cet ancien régime si justement impopulaire.
Étrange destinée, l'homme dont Voltaire a
vanté le libéralisme, dont l'Académie française
loue annuellement les vertus, et que l'Europe
considère comme le bienfaiteur de l'humanité,
n'a laissé à Montyon qu'une mémoire péris-
sable.

CHAPITRE IV

La société française au XVIIIe siècle. — L'abbé Terray. —
M. Turgot. — M. de Malesherbes et M. de Lamoignon
son père. — M. Necker. — Ressentiment de Mme de
Staël contre M. de Montyon. — M. de Calonne. —
M. Orry et Mme de Pompadour. — Singulière aven-
ture du chancelier avec Mme du Barri. — Légèreté
incroyable de M. de Calonne. — Son mariage. —
L'assemblée des notables. — Sa conversation avec
l'empereur Léopold. — L'évêque d'Autun et M. de
Maurepas. — Un propos du chancelier d'Aguesseau. —
M. de Silhouette tente de réformer les abus dans la
maison du roi.

Dans sa longue carrière, M. de Montyon avait
beaucoup vu, beaucoup observé. Ses biographes,
ou, pour mieux dire, les écrivains chargés de
prononcer ou d'écrire son éloge, car de biogra-
phe, à vrai dire, il n'en compte pas, sont d'accord
sur ce point que c'était un merveilleux causeur

Fort mêlé aux choses de son temps, homme de très bonne compagnie, et ayant les relations les plus étendues, M. de Montyon aimait à raconter et faisait volontiers remonter ces récits jusqu'à Fontenelle et jusqu'au chancelier d'Aguesseau. Il racontait bien, mais était plus enclin à la sévérité qu'à l'indulgence. Mme de Staël lui tint longtemps rancune au sujet de certaine anecdote relative à M. Necker. Mme de Staël ne fut pas la seule à éprouver quelque ressentiment contre M. de Montyon, et l'on retrouve cette impression peu favorable du grand monde à l'endroit de M. de Montyon jusque dans les mémoires qui portent le nom de Mme de Créquy. Il paraît que les femmes de qualité, c'est-à-dire celles appartenant à la grande noblesse féodale, le plaisantaient volontiers et le traitaient de sanglier philanthrope. Tout au contraire, les femmes de condition, c'est-à-dire les présidentes, les conseillères et les intendantes, le prenaient fort au sérieux et l'appelaient le grenadier de la robe. Les unes et les autres n'avaient peut-être pas absolument tort. La rusticité affectée du costume, la perruque d'une ampleur surannée, et les manières un peu bourrues de M. de Montyon justifient les premières; l'inflexibilité de son caractère de magistrat explique l'appréciation élogieuse des secondes. Ce qu'il y a de certain, c'est que M. de Montyon est une personnalité et une personnalité de premier ordre.

Par sa naissance et par ses fonctions, M. de Montyon se trouvait principalement lié avec ce que l'on appelait au XVIIIe siècle « les gens en place », c'est-à-dire avec les ministres et les fonctionnaires.

Il connaissait l'abbé Terray, « qui marchait le front haut comme un homme de bien. » Les Trudaine étaient alliés à sa famille. Il comptait parmi ses amis Turgot, le chancelier de Lamoignon et M. de Malesherbes son fils. Il voyait souvent, sans l'aimer, M. Necker. Il rencontrait dans le monde M. de Calonne, dont l'incapacité le révoltait. L'honnête Fourqueux était son beau-frère. Le vieux Maurepas le craignait.

C'est une étude de quelque intérêt de rechercher les appréciations portées par M. de Montyon sur ce XVIIIe siècle, qu'il connaissait si bien. Fut-il jamais un siècle plus brillant, plus généreux, plus décevant ; siècle qui devait perdre tous ceux qu'il charma, qui avait charmé tous ceux qu'il perdit, et, chose étrange, les

charmait encore, rares et confiants naufragés,
au sortir des abîmes ; siècle prospère et libre
comme aucun autre ne l'avait été dans l'histoire, et qui tourna toutes ses forces contre
lui-même, en les tournant sans merci contre
toutes les assises de l'état social ; qui partit de
l'innocente utopie du royaume de Salente pour
arriver à la république que nous savons ; qui se
mit à célébrer l'état sauvage, en pleine France
et en plein Versailles, sans imaginer qu'il pût
en recéler dans son sein les fureurs et les misères ; qui fut une pastorale de quatre-vingts
années, pour aboutir à la Terreur [1].

M. de Montyon est un portraitiste de la grande
école. Il dessine avec correction, mais avec une
certaine dureté dans le faire ; ses couleurs sont
plutôt sombres que gaies, le coup de pinceau
est vigoureux, la touche est puissante, et l'indi-
vidualité qu'il peint ou fait peindre par les contemporains ressort saisissante. On en jugera.

Voici le portrait du trop fameux abbé Terray [2] :

« C'était un être fort extraordinaire que cet
abbé Terray, et heureusement d'une espèce rare.

<hr>

1. De Salvandy, *Discours à l'Académie française*, 17 août
1854.

2. *Particularités et observations sur les contrôleurs généraux
des finances*, par M. de Montyon. Paris, 1812.

Son extérieur était dur, sinistre et même effrayant : une grande taille voûtée, une figure sombre, l'œil hagard, le regard en dessous, avec indice de fausseté et de perfidie, les manières disgracieuses, un ton grossier, une conversation sèche, point d'épanouissement de l'âme, point de confiance, jugeant toute l'espèce humaine défavorablement, parce qu'il la jugeait d'après lui-même, un rire rare et caustique. En affaires, il ne discutait pas, ne réfutait pas les objections, en avouait même la justesse et la reconnaissait au moins en paroles, mais ne changeait pas. Sa plaisanterie ordinaire était une franchise grossière sur ses procédés les plus répréhensibles. Il ignorait que les gens en place se font plus de tort par les sottises qu'ils disent que par celles qu'ils font, parce qu'il est plus d'hommes en état de juger leurs paroles que leurs institutions. Jamais peut-être il n'exista d'âme plus glaciale, plus inaccessible aux affections, excepté celles pour des jouissances sensuelles, ou pour l'argent comme moyens d'acquérir ces jouissances, et ainsi pour la réputation, quand elle pouvait conduire à l'obtention de l'argent. Si l'ordre des affaires le conduisait à faire le bonheur de quelqu'un, il n'en éprouvait aucune satisfaction ; quand il nuisait, c'était sans en ressentir aucune peine, sans haine, sans indulgence, sans pitié. Si dans quelques occasions les convenances le forçaient à marquer des regrets d'avoir nui, il avait une manière d'exprimer ses regrets qui n'appartenait qu'à lui : on voyait que le sentiment était dans un ordre de choses hors de sa compréhension. C'était un aveugle-né qui parlait des couleurs.

« Il était brouillé avec ses plus proches parents ; ces messieurs le connaissaient trop bien pour ne pas le haïr ; il n'était accessible à aucune des jouissances du cœur, ni à celle d'être aimé ni à celle d'aimer, plus grande encore. Il avait des maîtresses, mais seulement pour en jouir, n'exigeant pas d'elles une grande fidélité, ne recherchant pas l'agrément de leur conversation ; content, pourvu qu'elles occupassent ses nuits et que le jour elles fissent du bruit dans sa chambre et y causassent un mouvement qui le préservait de l'ennui, du silence et de l'isolement ; toujours prêt, dès qu'elles ne lui plaisaient plus, à s'en séparer aussi facilement qu'on change de fauteuil, quand on ne se trouve pas commodément. Nul principe de morale, nul respect pour la justice, nulle honte de chercher à tromper ; telle était l'habitude qu'il avait contractée du mensonge, qu'il disait sans rougir ce qu'il était impossible qu'on crût. Il manquait à sa parole sans s'excuser, sans chercher des prétextes. Le vice dans cette nudité était plus odieux, plus révoltant qu'il ne l'est communément à la cour, où il ne paraît que couvert de quelques voiles et souvent paré par les grâces. En même temps qu'il était d'une dureté extrême pour quiconque ne pouvait lui résister ni lui nuire, il était d'une complaisance immodérée et d'une soumission honteuse pour tous ceux auxquels il croyait du crédit ; il n'est pas rare de voir réunies cette dureté et cette faiblesse, qui partent des mêmes dispositions de l'âme. Ses qualités intellectuelles étaient fort supérieures à ses qualités morales, et à certains égards dé-dommageaient de ses vices. Ses idées, sans être étendues, encore moins élevées, étaient sagement ordonnées dans la sphère où elles étaient concentrées. Son jugement était d'une grande rectitude ; l'exposition de ses opinions était lu-cide ; il avait le talent d'écarter les faits épisodi-ques et de saisir la véritable difficulté. C'était un des meilleurs conseillers qui jamais aient été dans le parlement ; mais la marche judiciaire avait fait prendre à son esprit une direction contraire à celle de l'administration. Appelé à l'administration des finances, il n'en a jamais considéré l'ensemble; il s'occupait de l'affaire particulière sur laquelle il avait à prendre un parti, comme au parlement il jugeait un procès, sans réfléchir si ce procès avait quelque relation avec les autres. Rien n'annonce qu'il ait jamais eu un plan ni des idées arrêtées sur la nature des impôts. »

M. Chazal, dans une très curieuse notice consacrée à l'abbé Terray [1], admet la ressemblance du portrait tracé par M. de Montyon; il trouve cependant que M. de Montyon n'a pas suffisamment tenu compte des circonstances politiques au milieu desquelles Terray avait été porté au contrôle général.

Mais détournons nos yeux de ce « sinistre abbé », qui, par une sorte de mission fatale, plaça en présence la royauté et la nation, ne laissant entre elles que la famine et la banqueroute, pour que la lutte fût plus sûre et plus impitoyable. Contemplons les traits d'un honnête homme.

« M. Turgot, dit M. de Montyon, avait des idées

---

1. Extrait du *Journal des économistes*, juillet 1847.

vastes, des conceptions hardies. Son esprit tenait de la nature du génie ; il apercevait toutes
les affaires sous les plus grands rapports, en
sondait les éléments, en pénétrait l'essence, mais
malheureusement il voyait tout en abstractions,
dédaignant de porter ses regards sur les faits,
ne faisait aucune attention au pays qu'il régissait, au siècle où il vivait, aux institutions
établies, aux usages admis, aux préjugés, aux
intérêts. Quand même ses idées auraient été
justes, il aurait échoué dans toutes ses entreprises, parce qu'il ne savait manier aucun des
moyens nécessaires pour les faire réussir ; il
voulait gouverner par des démonstrations, ne
considérait l'homme que comme un être intelligent, et non comme un être sensible et mû
par son intérêt. Son plan d'administration était
de perfectionner l'entendement humain, dans
la conviction que plus le peuple serait éclairé,
plus il serait soumis aux lois, dans lesquelles
il reconnaîtrait une vocation à l'ordre de choses
le plus favorable à son bonheur : plan d'autant
plus faux qu'on ne peut donner à la masse du
peuple qu'une instruction incomplète, et que
les demi-connaissances sont plus dangereuses
que l'ignorance absolue dont on a la conscience :

et on ne tarda pas à en avoir d'évidentes et funestes preuves.

« Toute l'administration de M. Turgot est le développement de sa confiance présomptueuse dans la sagesse populaire ; et toutes ses fautes en sont la suite : il a voulu que, pour la subsistance de la nation, le gouvernement s'en rapportât à la nation elle-même et se reposât sur l'importation des grains, sur l'avantage que les commerçants y trouveraient. Cependant, d'après ces errements, la subsistance a été compromise ; et des insurrections ont signalé les premiers moments du règne de Louis XVI. »

M. de Montyon pensa sans doute que le jugement qu'il portait sur M. Turgot pourrait être regardé comme trop sévère ; aussi aimait-il à citer les paroles de M. de Malesherbes relatives au fameux économiste. « M. Turgot et moi, disait M. de Malesherbes, nous étions de fort honnêtes gens, très instruits, passionnés pour le bien. Qui n'eût pensé qu'on ne pouvait mieux faire que de nous choisir ? Cependant, ne connaissant les hommes que dans les livres, manquant d'habileté pour les affaires, nous avons mal administré ; nous avons laissé diriger le roi par M. de Maurepas, qui a ajouté sa propre faiblesse à celle de son élève. Sans le vouloir, sans le prévoir, nous avons contribué à la Révolution. »

C'est assurément une chose curieuse de voir Turgot jugé par Malesherbes ; mais M. de Montyon n'en reste pas là, et il rapporte une conversation tenue au roi par le vieux chancelier de Lamoignon sur M. de Malesherbes, son fils. Peu de temps avant que ce chancelier sortît de place, il dit au roi : « Sire [1], je suis vieux ; quand je ne serai plus, on pourra proposer mon fils à Votre Majesté pour le ministère ; j'aime ma famille ; je désire son élévation et sa fortune ; mais j'aime encore plus l'État. Que Votre Majesté ne confie aucune grande place à mon fils ; c'est un homme vertueux et de beaucoup d'esprit ; il a une réputation brillante, qu'il s'est faite par des écrits et des démarches hardies ; il perdrait sa réputation quand il serait dans le ministère ; il n'y est pas propre, et y servirait mal Votre Majesté. »

M. de Lamoignon avait-il raison ? Qu'importe ? La postérité a jugé. Dans M. de Malesherbes nous ne voyons plus que le défenseur

---

1. *Particularités et observations sur les contrôleurs généraux des finances.* Paris, 1812.

intrépide du roi. Son nom sacré est l'honneur de notre magistrature.

M. Necker est apprécié de main de maître par M. de Montyon. On comprend cependant que Mme de Staël jugea le portrait peu flatté. Il y a surtout une certaine anecdote qui, suivie d'une certaine réflexion de M. de Montyon, devait déplaire à madame l'ambassadrice de Suède. Voici le portrait [1] :

« Son corps était une masse grande et lourde, qui n'avait ni ensemble ni vigueur ; sa constitution était faible, et il avait même quelque dérangement dans son organisation ; car son cerveau était dans une fermentation qu'il ne pouvait calmer qu'en se faisant jeter tous les matins une grande quantité d'eau froide sur la tête ; et une faim continuelle l'obligeait à manger beaucoup, souvent et hors de ses repas.

« Il avait un maintien gêné, désordonné, sans grâce, et jamais il n'en manquait plus que quand il voulait s'en donner. On ne trouvait point en lui un certain air de noblesse. qui, dans tous les rangs, est l'expression naturelle du sentiment qu'a de lui-même un homme d'un

---

1. *Particularités et observations sur les contrôleurs généraux des finances.*

grand caractère. Quand il a été en place, quelquefois il a voulu affecter de la dignité, mais ce n'était qu'une morgue ministérielle plus déplaisante, plus offensante que l'insolence polie d'un ministre homme du monde.

« Ses mouvements étaient inégaux, brusques, forcés ; il portait la tête fort élevée et même renversée, et il y avait de l'affectation dans cette contenance : car le degré de renversement de sa tête était un thermomètre de sa situation politique.

« Le son de sa voix n'était point agréable, et son élocution n'était point facile ; il le savait ; et par cette raison, avec toute personne avec laquelle il n'était point dans l'intimité, il parlait peu ; sa conversation était sans aménité, sans abandon, sans sensibilité, sans cordialité ; cependant elle n'était pas sans intérêt, parce que l'esprit suppléait les sentiments, et chaque phrase énonçait une grande pensée. Dans les conférences d'affaires, il était encore plus économe de ses paroles : réserve qui marquait la méfiance et l'inspirait ; mais il ne savait pas insinuer et persuader par ses discours, il savait déterminer et séduire par les moyens qu'il employait.

« Ses formes sociales se ressentaient du genre de vie qu'il avait mené, du manque d'une éducation soignée, et de relations habituelles avec des personnes d'un certain ordre. Embarrassé quand il était obligé à des égards et au respect, révérencieux quand il voulait être poli, lourdement complimenteur quand il voulait flatter, il était dans la plaisanterie d'une pesanteur, d'une gaucherie qui seraient surprenantes dans un homme de tant d'esprit, s'il n'était connu que ce genre de ton tient à un usage du monde qui peut rarement être remplacé par l'esprit.

« Sa physionomie morale n'était pas moins remarquable que sa physionomie physique et ses formes extérieures ; il était d'une inégalité singulière, toujours agité par des désirs, des regrets, des jouissances, des privations, par l'incapacité de se suffire à lui-même et de contenir son âme en paix : défaut dont on pouvait soupçonner l'origine dans les défectuosités de son physique, que nous avons indiquées. »

Voici maintenant l'anecdote :

A son arrivée à Versailles, lors de son premier ministère, M. Necker alla rendre ses devoirs à la reine, et, sans lui en demander

la permission, il lui prit la main et la baisa.
« Cette impertinente familiarité du Genevois,
ajoute M. de Montyon, fit sentir à cette princesse, plus que la violation des droits du roi,
que le trône était ébranlé. »

Quand on connaît la préoccupation constante
de Mme de Staël à emprunter les manières du
grand monde, dans lequel elle n'était cependant pas née, quand on sait combien elle re-
cherchait la société des gens de qualité, comme
on était fier à « l'hôtel du contrôle général »
de recevoir dans l'intimité MM. Mathieu de
Montmorency et Louis de Narbonne, on com-
prendra à quel point Mme de Staël dut être
blessée par l'épigramme de M. de Montyon.
Évidemment M. Necker n'appartenait pas au
même milieu que M. Turgot, qui, suivant M. de
Montyon, était d'une noblesse si antique et
si illustre qu'il en existe peu de pareille. C'est
ce que M. de Montyon se plaît à faire remarquer. Pour lui, M. Necker n'est qu'un parvenu.
Aussi, comme il aime à s'étendre sur l'incon-
sidération dans laquelle il avait fini par tomber [1] :

1. *Particularités et observations sur les contrôleurs généraux des finances.*

« Quand il voulut parler à l'assemblée de sa
vertu, il parut ridicule ; s'étant hasardé à parler
de sa femme, il fut accueilli par des éclats de
rire ; quand, pénétré de toutes les contradictions et les humiliations qu'il éprouvait, il versa
des larmes au milieu de cette assemblée, on
ne vit dans cette marque de sensibilité qu'un
acte de faiblesse et un manque de caractère. »

Pour ce qui est de la probité de M. Necker,
M. de Montyon la déclare incontestable. « Il
n'a dû qu'à la banque et au commerce la grande
fortune qu'il a laissée. Il a renoncé aux appointements et aux émoluments de sa place : procédé généreux, dont, avant lui, aucun des ministres des finances n'avait donné l'exemple. »
Malgré cette phrase, à coup sûr fort élogieuse
pour M. Necker, Mme de Staël tint rancune à
M. de Montyon. L'ayant rencontré, après le retour des Bourbons, dans une maison amie, elle
répondit à peine à l'empressement que lui té-
moignait le vieillard. Le lendemain, elle lui
adressait la lettre suivante :

« Paris, dimanche 8 janvier 1815.

« Monsieur,

« Je sais apprécier plus que qui que ce soit
votre esprit et vos rares connaissances ; mais
cet été, dans le travail que je fais pour la vie dé
mon père, j'ai été obligée de lire ce que vous
avez écrit, ce que je m'étais interdit de voir à
Londres pour jouir sans mélange de votre société, et qu'ai-je lu ? L'article le plus injuste, le
plus amer ; je sais qu'il vous a été inspiré par
un ressentiment personnel ; mais est-il permis
à un honnête homme de diffamer le plus vertueux des mortels parce qu'il croit avoir à se
plaindre de lui ? Je respecte votre âge, mais cet
âge est respectable parce qu'il met au-dessus des
passions égoïstes. Vous m'accusez d'être mal
pour vous ; la vérité est que le plaisir très réel
que je trouve à causer avec vous m'a fait éloigner le moment de cette fatale lecture : si vous
pouviez réparer, désavouer, je vous aimerais
encore ; mais ce que vous avez écrit est entré
jusqu'au fond de mon âme, et, comme depuis
ma naissance j'étais attachée à vous, cela m'a
fait mal.

« NECKER DE STAËL. »

M. de Montyon, bien qu'âgé alors de plus de quatre-vingts ans, répondit à Mme de Staël par une lettre ferme et mesurée, que je crois devoir également transcrire [1].

« Madame, vous m'avez écrit une lettre dure et violente ; vous paraissez fort animée ; permettez que je m'en rapporte au jugement que vous-même porterez de cette lettre quand vous serez plus à froid.

« Le livre par lequel j'ai eu le malheur de vous déplaire a été écrit dans l'intention de rendre l'inaction à laquelle me réduisait ma position utile à ma patrie autant qu'il était en mon pouvoir ; et j'ai rempli cet objet en observant des fautes dans l'administration, science que j'ai étudiée pendant presque toute ma vie.

« J'ai dit et dû dire ce que je pensais, et sur un sujet aussi important que celui que je traitais il eût été coupable de taire ou de dissimuler ma pensée. Depuis l'âge de huit ans, il ne m'est pas arrivé de dire un seul mot que je ne crusse vrai, et, dans cette occasion-ci, je n'ai, pas plus que dans les autres, manqué à ce prin-

1. La lettre de Mme de Staël et la réponse de M. de Montyon ont été publiées par Alissan de Chazet en 1829.

cipe, mais il est très possible que je me sois trompé.

« J'ai prévu que mon livre pourrait exciter des contradictions, mais j'ai cru devoir faire ce sacrifice à mon patriotisme.

« Vous m'avez reproché verbalement d'avoir été ingrat envers monsieur votre père ; vous ne saviez pas apparemment que j'avais eu plus à me plaindre qu'à me louer des procédés ministériels de M. Necker, et c'est de ma part une expression modérée : au reste, que j'aie eu à me louer ou à me plaindre des personnes, cette considération n'a nullement influé sur le jugement que j'ai porté de leurs opérations.

« Je me suis refusé à publier mes opinions tant que ceux qu'elles pouvaient intéresser ont existé, parce que cela répugne à ma sensibilité. Les parents de MM. Silhouette, Terray, etc., etc., auraient des reproches à me faire plutôt que les parents de M. Necker, si aucun d'eux avait le moindre sujet de se plaindre, et s'il n'était pas permis de produire son opinion au moins sur les fautes d'une administration passée, moyen nécessaire pour son perfectionnement.

« Non seulement je ne me suis point expliqué sur M. Necker avec humeur ; mais je n'ai pas

dit tout ce qui peut être susceptible de critique.
S'il y avait une seconde édition, je ne pourrais
m'empêcher d'y faire une addition, parce qu'il
est indispensable de mettre au jour ce dont la
notion peut être utile.

« J'ai éprouvé une vraie satisfaction en rendant justice à la force de tête de M. Necker;
mais il n'est pas dans la nature de pénétrer par
la seule vigueur de la pensée toute l'étendue
d'une science, sans avoir lu les livres qui en
traitent, sans en avoir conféré avec les personnes qui en sont les plus instruites, sans
avoir suppléé par l'expérience au défaut d'instruction : le génie même a son territoire cir-
conscrit, et Newton, quand il a traité de la
chronologie, n'a plus été égal à lui-même trai-
tant du monde physique.

« Vous avez pu remarquer que je me suis fait
un devoir de justifier M. Necker sur l'origine
subite de sa fortune, et même à cet égard j'ai su
des particularités certaines et peu connues, qui
auraient pu, quoique mal à propos, faire une
impression désavantageuse sur les esprits en-
vieux de la gloire des hommes célèbres.

« La longueur de cette lettre doit au moins,
madame, vous convaincre du prix que j'attache

à vos sentiments, et la manière modérée dont
je réponds à l'amertume de vos reproches
prouve que je ne les mérite pas. Vos torts exigent de l'indulgence, puisque l'amour filial en
est le germe. Tant que je vivrai, je vous aime-
rai, fût-ce malgré vous, parce que vous êtes
bonne ; je dis plus : lors même que vous n'êtes
ni juste ni raisonnable, votre bonté, jointe à la
supériorité de votre esprit, forme de vous un
être à part auquel tout honnête homme doit
estime et affection.

« Daignez agréer cet hommage.

« A. DE MONTYON. »

Il est impossible de se montrer en même temps
plus honnête homme et plus galant homme.
On s'explique d'ailleurs assez facilement les
susceptibilités filiales de Mme de Staël. Que di-
rait-on cependant si la ressemblance du portrait
tracé par M. de Montyon se trouvait presque con-
firmée par un portrait émanant de Mme Necker
elle-même[1]. C'est M. Othenin d'Haussonville,
l'arrière-petit-fils de Necker, qui nous l'a conservé. « M. Necker est si convaincu de sa péné-

1. *Le salon de Mme Necker*, par Othenin d'Haussonville.
Paris, 1880.

tration qu'il se laisse attraper sans cesse ; si persuadé qu'il réunit tous les talents dans le plus haut point de perfection, qu'il ne daigne pas chercher ailleurs des modèles ; jamais étonné de la petitesse d'autrui, parce qu'il l'est toujours de sa propre grandeur ; se comparant sans cesse à ce qui l'entoure, pour avoir le plaisir de ne point trouver de comparaison ; confondant les gens d'esprit avec les bêtes, parce qu'il se croit toujours sur une montagne dont la hauteur met de niveau tous les objets inférieurs ; préférant cependant les sots, parce que, dit-il, ils font un contraste plus frappant avec mon sublime génie ; d'ailleurs aussi capricieux qu'une jolie femme et plus curieux qu'elle. »

Pour être juste il faut constater que ce portrait railleur fut soumis à M. Necker lui-même ; mais n'était-ce pas là pour Mme Necker un moyen de faire parvenir la vérité jusqu'à son mari ? Le fond du tableau reste le même. Mme Necker dit que M. le contrôleur général était aussi capricieux qu'une jolie femme ; M. de Montyon, qu'il était d'une inégalité de caractère singulière. La ressemblance nous apparaît donc certaine. Cependant on comprend que le portrait peint par M. de Montyon ait déplu ; il a trop accusé

les défauts du modèle sans en faire ressortir les belles lignes.

Mme de Staël lui garda rancune. Le vieux magistrat en éprouva quelque chagrin, puis il se consola. Il pensa que cette femme de tant d'esprit en manquait à son égard. Il n'avait jamais compté parmi les habitués de l'hôtel du contrôleur général, et le reproche d'ingratitude, que mérita peut-être Marmontel, ne put donc lui être adressé. Le grand tort qu'il eut aux yeux de Mme de Staël, c'est d'avoir parlé de cette absence de goût, de ce manque d'aisance dans le maintien, de ces manières sans attrait et sans politesse qui étaient le signe caractéristique de M. et de Mme Necker. Ces deux Genevois faisaient une étrange mine au milieu de ce monde où saluer avec bienséance et danser avec grâce étaient deux principes importants de l'éducation. Ils semblaient manquer d'éducation, car ils n'avaient pas celle que l'on recevait alors [1]. M. de Montyon le constata, Mme de Staël en fut

---

1. Une politesse rare, un goût exquis, une mesure dans les discours et dans les plaisanteries, une grâce particulière dans le maintien, tout cela constituait un ensemble qui classait ce que l'on appelait la bonne compagnie..... On a vu des gens se passer d'esprit en sachant mêler la politesse à l'élégance des manières. (*Les femmes, leur condition et leur influence dans l'ordre social*, par le comte de Ségur.)

offensée. La date même de la querelle explique le froissement éprouvé par Mme de Staël.

On est en 1815, les survivants de l'ancienne société rentrent en France escortés de leurs préjugés et de leurs vanités. Mme de Staël, qui a la conscience d'appartenir par les idées à la société nouvelle, mais qui tient beaucoup aux manières polies de la femme de qualité, craint tout rapprochement qui pourrait laisser établir comme un point de comparaison entre elle et les parvenues de l'Empire. L'excès du mécontentement prouve la profondeur de la blessure. Les grands cœurs ont de ces faiblesses.

Combien cependant est autrement sévère le portrait que trace M. de Montyon de M. de Calonne. Là, on voit que M. de Montyon ne raille plus, mais qu'il blâme sévèrement.

« Qu'on se représente un homme, grand, assez bien fait, l'air leste, le visage n'étant pas sans agréments, une figure mobile et de moment en moment changeant d'expression, un regard fin et perçant, mais marquant et inspirant de la méfiance; un rire moins gai que malin et caustique : voilà l'extérieur de M. de Calonne [1].

---

1. *Particularités et observations sur les contrôleurs généraux des finances.*

La vivacité d'un jeune colonel, l'étourderie
d'un jeune écolier, l'élégance d'un homme à
bonnes fortunes, une coquetterie ridicule dans
tout autre qu'une jolie femme, l'importance
d'un homme en place, le pédantisme de la magistrature, quelques gaucheries d'un provincial :
voilà les manières de M. de Calonne.

Les bons mots d'un homme d'esprit, la finesse
et la politesse d'un courtisan, l'astuce de l'intri-
gant ; de la facilité, de la grâce dans l'élocution, quelquefois de la force ; des phrases plus
brillantes que solides, et peu de suite dans la
conversation : voilà le ton de M. de Calonne.

Une grande rapidité de conception, une
grande finesse dans la distinction des nuances,
mais inaptitude dans la méditation ; la force de
s'élever à de grandes idées, sans toutefois les
combiner et en apprécier les résultats : voilà
le genre et la mesure de l'esprit de M. de Calonne.

Une âme sensible, sans être tendre, plus susceptible d'émotion que de passion ; l'ambition
des grandes places pour être en spectacle ; le
projet de grandes entreprises, non dans la vue
de servir la patrie et l'humanité, mais d'acquérir
de la célébrité ; une avidité pour l'argent, qui

n'admettait pas une très grande rigidité dans le choix des moyens d'acquérir, mais qui communément n'avait d'objet que l'obtention des jouissances du moment ; de la prodigalité sans générosité ; la réunion de tous les goûts, l'amour des femmes, de la bonne chère, du jeu, des spectacles, des fêtes, de tout genre de plaisirs ; des affections vives et d'une forte explosion, mais peu durables ; de l'engouement dans les désirs, de l'emportement dans la colère, peu de constance dans l'amitié, moins encore dans la haine ; des germes de vertus et de vices : voilà les sentiments de M. de Calonne.

A ces traits qu'on ajoute sa méthode de traiter les affaires : assez de sagacité dans l'invention des moyens, dextérité et même ruse dans l'emploi de ses moyens, mais précipitation dans la détermination ; négligence et inexactitude dans l'exécution ; présomption habituelle du succès ; une facilité de conception que n'avouaient pas toujours la prudence ni même l'équité ; une insinuation assez adroite, mais souvent un excès de confiance, qui ne paraissait à tout homme sage qu'un artifice ou une imprudence ; un ton si avantageux, des promesses si exagérées qu'elles le discréditaient même dans ses assertions fondées et le rendaient ridicule. Cette réunion, ce mélange de qualités opposées et de procédés incohérents, complète l'exposition du mérite, des torts, des défauts, des talents de M. de Calonne. »

Ces appréciations de M. de Montyon ont leur valeur et méritent confiance, parce que, comme il a le soin de nous le dire lui-même, il a entretenu des relations ou d'affaires ou de société avec tous ceux dont il parle.

M. de Montyon était un causeur charmant. Quelques-unes des anecdotes qu'il aimait à raconter méritent d'être citées. Elles se rapportent toutes à la période qui a précédé la Révolution. Ceci est dit pour expliquer le ton léger qui est celui des salons du XVIIIe siècle. On a quelque peine à croire qu'elles aient été racontées par le grand philanthrope du XIXe siècle.

M. Orry, qui fut ministre du roi Louis XV, était un homme de manières grossières et brusques; quand on le lui reprochait, il répondait[1] : « Comment voulez-vous que je ne marque pas d'humeur ? Sur vingt personnes qui me font des demandes, il y en a dix-neuf qui me

---

1. *Particularités et observations sur les contrôleurs généraux des finances.*

prennent pour une bête ou pour un fripon. »

Quelque temps avant que Mme d'Étioles fût reconnue maîtresse du roi, mais lorsqu'on soupçonnait déjà sa faveur, elle demanda pour son mari une place de fermier général. M. Orry lui répondit : « Si ce qu'on dit est vrai, vous n'avez pas besoin de moi ; si ce qu'on dit n'est pas vrai vous n'aurez pas la place. » Le refus et la forme du refus ne lui rendirent pas cette dame très favorable.

A Mme d'Étioles, marquise de Pompadour, succéda Mme du Barri. M. de Montyon attribue à la nouvelle favorite une attitude singulièrement risquée à l'endroit d'un aussi grave personnage que l'était M. le chancelier de France. On sait que la fille Lange, mariée à un seigneur du Barri, sorte d'aventurier se prétendant apparenté aux lords Barry, était de la plus basse extraction. C'était d'ailleurs une fort belle personne, belle à la façon d'une figure de cire, avec des yeux fixes et des paupières mal garnies. M. le chancelier de France était René-Nicolas-Charles-Augustin de Maupeou. Dans la grande entreprise tentée par lui contre les parlements M. de Maupeou avait besoin d'un appui. Cet appui, il le chercha dans la favorite royale. Mais, comme l'abbé Terray, son protégé d'abord et depuis son rival dans la confiance du roi, avait également compris que l'amitié de Mme du Barri était la source de tout crédit et de toute faveur, une lutte curieuse s'engagea entre les deux ministres. Si les ressources du trésor public dont disposait l'abbé étaient de nature à satisfaire les goûts fastueux de la comtesse, Maupeou sut, pour se maintenir en crédit, entrer très avant dans ses bonnes grâces. Laissons la parole à M. de Montyon. L'aventure est plus que piquante, et il faut une plume du XVIIIe siècle pour la raconter.

« Monsieur le chancelier[1] rendait à Mme du Barri les hommages dont est assurée dans la cour une maîtresse du roi. Comme elle était aussi déréglée dans ses idées et dans ses manières que dans ses mœurs, elle imagina un jour d'exiger du chancelier un genre d'hommage qu'une femme qui a quelque décence ne se permet pas de recevoir et qui se conciliait mal avec la dignité du chef de la magistrature; il s'y soumit, comptant sur le secret de cette aventure, qui fut révélée par l'indiscré-

1. *Particularités et observations sur les contrôleurs généraux des finances.*

tion et la jactance de cette licencieuse beauté. »

On sait que M. de Montyon n'aimait pas M. de Calonne; aussi racontait-il volontiers la plaisante aventure qui suit : « Lors du premier mariage de M. de Calonne, le repas de noce fut donné dans la maison d'un des parents. M. de Calonne s'y livra à une partie de jeu. Quand l'heure de la retraite fut arrivée, on l'en avertit par plusieurs observations, qui n'eurent aucun effet ; ensuite on le lui dit positivement : il demanda un moment de délai; ce délai passé, il en demanda un autre, puis un autre encore. Enfin la mère de la mariée insistant sur le départ, il la pria de monter dans sa voiture avec sa fille et l'assura qu'il y serait aussitôt qu'elle; mais il les oublia, et il fallut enfin que les parents réunis le chassassent de la chambre et le portassent dans le carrosse où il trouva la mariée fondant en larmes. »

L'homme politique n'était guère plus sérieux que l'homme privé. Conformément aux ordres du roi, les notables avaient été convoqués pour un jour déterminé; mais on fut obligé de remettre l'ouverture de l'assemblée, à cause d'une indisposition de M. de Calonne. Cette indisposition il l'avait gagnée, dit M. de Montyon, en

prostituant une partie de ses jours et de ses
nuits au jeu ou à un autre genre de distraction.
Enfin l'ouverture de l'assemblée a lieu, c'est
alors que se passe une scène qu'on aurait peine
à croire si elle n'avait eu tous les notables pour
témoins : lorsqu'ils sont en place, et attendant que M. de Calonne expose son plan et
mette sous leurs yeux les objets de leurs délibérations, il ne comparaît point à l'heure donnée ;
on est obligé de l'envoyer chercher jusqu'à trois
fois. Enfin il paraît et dit qu'il n'a achevé que
la veille le mémoire à présenter aux notables ;
qu'il l'avait remis à quatre commis réunis à la
même table pour le copier pendant la nuit, que
les quatre commis se sont endormis, qu'une des
lumières est tombée sur le manuscrit et l'a brûlé
en entier. Il était impossible, ajoute ironique-
ment M. de Montyon, de témoigner aux notables
une plus grande confiance dans leur crédulité.

Tant d'inconséquence, de présomption, d'imprudence semble à peine croyable. Les terribles
enseignements de la Révolution ne corrigèrent
en rien la légèreté de conduite et de propos de
ce pauvre écervelé d'homme d'État.

Il s'attira pendant l'émigration une verte réponse de l'empereur Léopold. Dans une con-

versation qu'il avait avec ce prince, il lui exposa les moyens d'opérer une contre-révolution, qu'il prétendait être très facile. L'empereur observa que, indépendamment de la Révolution, la France était dans une situation embarrassante par le mauvais état de ses finances. « Ce n'est pas là une difficulté, répondit M. de Calonne ; je ne veux pas plus de six mois pour rétablir les finances. — Monsieur, repartit l'empereur, il est fâcheux que vous n'ayez pas eu cette idée quand vous étiez en place. »

Le premier acte de Louis XVI en montant sur le trône avait été d'exiler Mme du Barri au monastère de Pont-en-Brie et d'appeler au ministère M. de Maurepas. M. de Maurepas ne justifia pas la confiance du roi. C'était un vieillard léger, plein de suffisance et de causticité. Il avait cependant de la bonne foi dans les transactions sociales et de la probité pécuniaire. Aussi, quand il mourut, l'évêque d'Autun, raconte M. de Montyon, dit sur lui un mot très juste, et qui se ressent du genre d'esprit de cet évêque ; c'est un de ces mots d'autant plus fins qu'ils sont vrais en paraissant faux : *Nous avons perdu plus qu'il ne valait.*

Voici une parole que M. de Montyon met

dans la bouche du chancelier d'Aguesseau, lors
des désastres occasionnés par Law et qui est
digne de ce magistrat : « Les financiers ont ruiné
le peuple par leurs recettes, et les grands l'ont
ruiné par leurs dépenses. »

Terminons ce chapitre par le récit d'une
bonne intention qui germa dans l'esprit de
M. de Silhouette, ministre des finances, et qui
ne put être réalisée.

M. de Silhouette [1] ayant observé que le roi
avait à la petite écurie un trop grand nombre
de chevaux, et que la nourriture de ces chevaux était beaucoup plus chère que celle des
chevaux de M. le duc d'Orléans, dont la dépense avait passé sous ses yeux, voulut introduire ses projets de réforme dans cette partie de
dépense, et, dans cette vue, il gagna un homme
de la petite écurie de qui il tira des renseigne-
ments. Mais le premier écuyer, qui en avait été
instruit par cet homme même, ne lui faisait parvenir que des matériaux d'objections qu'il se
réservait les moyens de réfuter ; et quand il sut
que tout était préparé pour la réduction du
nombre des chevaux, il trouva le moyen de

1. *Particularités et observations sur les contrôleurs généraux des finances.*

faire manquer le service du roi et les projets de réduction furent rejetés.

« Il en fut de même, ajoute M. de Montyon, de la plupart des autres réformes. » Comment pouvait-il en être autrement ? Aux yeux des courtisans quand le roi se retranche il déchoit. Il ne doit donc pas se retrancher. Les réformes tentées par M. de Silhouette firent dire de Louis XVI qu'il agissait en bourgeois. Ces propos atteignirent le roi. L'emploi du cheval, n'est-ce pas le luxe véritable du gentilhomme ? De ce côté, il ne fallait donc pas faire d'économie. N'est-ce pas d'ailleurs à l'écurie que l'on reconnaît un grand roi ? Beaucoup le disaient alors, Louis XVI ne le pensait peut-être pas ; mais telle était la structure de la société qu'une pierre enlevée semblait ébranler l'édifice et que le roi abandonna ses velléités d'économie.

CHAPITRE V

L'HOMME POLITIQUE

Le Conseil d'État sous l'ancienne monarchie. — La magistrature. — Les hôtels du Marais. — Éloge de la religion catholique. — Les anciennes institutions de la France. — Tolérance politique de M. de Montyon. — Il ne partage pas l'engouement de son époque pour Rome et Sparte. — La monarchie constitutionnelle et traditionnelle. — Les impôts. — Les lois somptuaires. — M. de Montyon et J.-J. Rousseau. — M. de Montyon libre échangiste. — Il demande la suppression des prestations en nature.

M. de Montyon appartenait à cette compagnie si considérée que l'on appelait le Conseil d'État.

Le Conseil d'État, sous l'ancien régime, correspondait à peu près aux Conseil des ministres[1], Conseil d'État et Cour de cassation ac-

1. *L'administration provinciale avant* 1789, par Ernest Auberge. Société d'archéologie de Seine-et-Marne, 1870.

tuels, avec ces différences que, en vertu du principe que toute justice émane du roi, le souverain pouvait y faire juger les affaires qu'il lui plaisait d'évoquer, et que les diverses sections appelées Conseils des dépêches, des finances et du commerce, exerçaient des attributions exécutives que le Conseil d'État moderne ne possède pas.

Les ministres en titre étaient ceux des affaires étrangères, de la guerre, de la marine, de la maison du roi. A côté d'eux se plaçaient le chancelier, la première personne en dignité après le roi, et le contrôleur général des finances, qui, sans être revêtu du titre de ministre, avait depuis Colbert attiré à lui toutes les affaires donnant lieu à des questions d'argent, c'est-à-dire la totalité de l'administration. C'était le véritable ministre de l'intérieur, bien que n'ayant nominalement aucune participation à l'administration des provinces, répartie entre les trois ministres des affaires étrangères, de la guerre et de la maison du roi. Le lot du ministre de la guerre comprenait les provinces frontières, celui du ministre des affaires étrangères le Berry, la Normandie, la Champagne, le Lyonnais, les Dombes et Trévoux ; le reste de

la France relevait du ministre de la maison du
roi.

Tous ces personnages ministériels avaient
entrée au Conseil d'Etat, qui se composait, en
outre, de trente conseillers et de quatre-vingts
maîtres des requêtes. C'était parmi ces derniers,
chargés de rapporter les affaires devant les diverses sections, que se recrutaient presque toujours les intendants de provinces. Ainsi nous
avons vu l'application de cette règle par rapport à M. de Montyon, qui, maître des requêtes,
fut nommé successivement aux intendances
d'Auvergne et de Provence et finit par revenir
à Paris en qualité de conseiller d'Etat. L'almanach pour l'année 1789 [1] que j'ai sous les yeux
indique que M. de Montyon était conseiller
d'Etat ordinaire et au conseil royal des finances
et du commerce. Il était également membre de
la Société royale d'agriculture et demeurait rue
des Francs-Bourgeois au Marais.

Le Marais comptait encore à cette époque
de beaux et magnifiques hôtels [2]. C'était, dans la
rue même où demeurait M. de Montyon, l'hôtel

---

1. *Almanach royal*. Paris, 1789.
2. *Le guide fidèle de l'étranger dans la ville de Paris*, par
le sieur Liger, 1769.

Le Tellier, occupé par Duplessis, trésorier de l'extraordinaire de la guerre; à côté, dans la rue de la Perle, l'hôtel de Strasbourg, ainsi nommé parce qu'il appartenait au cardinal de Rohan, évêque de Strasbourg; dans la rue Saint-Gervais, l'hôtel de Villeroy, appelé communément l'hôtel Salé, à cause d'un fermier des gabelles qui l'avait fait bâtir. Enfin, dans le voisinage, l'hôtel de Soubise, qui excite encore aujourd'hui notre admiration; l'hôtel de Montmorency, habité par la famille parlementaire des de Mesmes; l'hôtel de Beauvilliers, construit par le fameux architecte Le Muet pour le comte d'Avaux; l'hôtel Carnavalet, déjà fort ancien et auquel on préférait la belle maison que M. Caumartin avait bâtie rue Michel-le-Comte; l'hôtel Boucherat, l'hôtel de Lamoignon, etc.

On voit que l'hôtel de Montyon était bien entouré et que M. de Montyon pouvait, sans trop s'éloigner de chez lui, trouver nombreuse et bonne compagnie. Le premier président Nicolaï demeurait avec ses quatorze enfants place Royale, le président Le Boulanger quai d'Anjou, M. d'Ormesson rue d'Orléans. Il est vrai que M. de Malesherbes avait déserté le Marais pour s'installer dans un quartier jugé alors fort excentrique, rue des Martyrs, près de la barrière Montmartre ; mais M. de Malesherbes avait la réputation d'être un novateur. Ne l'avait-il pas montré lorsque, nommé à la direction de la librairie, il avait fait preuve d'une tolérance jusqu'alors inconnue ? M. de Montyon, appelé aux mêmes fonctions, avait agi de même.

Il m'a semblé que ce préambule était nécessaire avant d'entrer dans l'examen des opinions politiques et religieuses de M. de Montyon. En indiquant qu'il appartenait un peu par sa naissance et beaucoup par ses relations et par sa charge à la haute magistrature, j'ai voulu faire pressentir et expliquer l'ensemble de ses doctrines.

Les magistrats, par la nature même des fonctions dont ils sont revêtus, comprennent mieux que les autres les nécessités sociales. Chez eux, l'esprit libéral et conservateur domine. Ils sont d'ordinaire peu sensibles aux entraînements, même à ceux qui, en apparence, sont les plus légitimes. Ils sont à la fois conservateurs contre les libéraux et libéraux contre les conservateurs. Les principes absolus leur déplaisent ; ils respectent l'autorité mais sans condescendance personnelle pour celui qui en est le dépositaire momentané.

Les opinions de M. de Montyon sont essentiellement modérées. Les examiner avec soin, en faire ressortir la valeur, ce n'est point faire acte d'adhésion sans réserve. Pour bien juger les hommes, il faut leur passer les préjugés de leur temps. On verra que ce principe équitable est presque sans application en ce qui concerne M. de Montyon qui est toujours au-dessus des préjugés de l'époque où il vécut.

M. de Montyon a vu finir le xviiie siècle et commencer le xixe.

Si son style porte l'empreinte de l'époque, les idées ont peu vieilli, et beaucoup mériteraient d'être prises en considération. M. de Montyon était-il un philosophe à la façon de M. de Malesherbes ? Peut-être le fut-il tout d'abord ; mais les graves enseignements de la Révolution parlèrent à sa raison et, je veux croire, à son cœur. C'est au moment même où la religion était proscrite, où ses ministres étaient mis à mort, qu'il écrivait ces lignes :

« La religion [1] est le grand bienfaiteur de

1. *Rapport à S. M. le roi Louis XVIII*, par M. Auget de Montyon. Londres. 1796.

l'humanité. Par la perspective d'une vie à venir,
elle affaiblit ou même annule le sentiment des
maux de l'humanité. C'est elle qui, en France, a
fondé et doté tous les asiles ouverts à la misère
et à la douleur. La religion est la seule morale
du plus grand nombre des hommes ; pour tous,
elle est le sceau et la consécration de tout ce
que nous rendent cher et respectable la nature et la convention, les titres de père, de fils,
d'époux, de citoyen, de sujet, de roi. La religion
est le complément de l'Etat social. Ses récompenses et ses peines sont bien supérieures à
celles que décernent les lois. Elle pénètre où ne
peut atteindre la puissance humaine, et elle
enchaîne le sentiment et la pensée.

« Mais, si toutes les religions sont les bases de
la société, la religion chrétienne, et particulièrement la religion catholique, a des moyens
plus efficaces pour opérer le bonheur de la
France ; et le mépris des républicains français
pour toute espèce de religion et leur haine ou
au moins leur indifférence pour la religion catholique, qui nous a été transmise par nos pères
et dont la croyance a commencé en nous presque avec notre existence, sont une preuve de
plus de la fausseté de leurs vues politiques.

Tant que l'irréligion subsistera en France, il y existera un levain d'anarchie ; et, si la religion catholique n'est pas la religion dominante, toute autre religion qui lui sera substituée sera en contradiction avec le caractère national.

« Les institutions catholiques conviennent à la nation française sous une infinité de rapports temporels. Des dogmes métaphysiques et abstraits conviennent à un peuple ingénieux ; une religion qui exige les plus grands sacrifices d'une nation orgueilleuse et dans laquelle l'assemblée des ministres des autels juge la foi avec un caractère d'infaillibilité, convient à un peuple d'une imagination souvent désordonnée et avide de nouvelles opinions. Un peuple dont la vivacité et l'impétuosité doivent être contenues a besoin d'une religion réprimante et qui ait beaucoup de préceptes. Un peuple qui s'égare facilement et qui se repent de même est fait pour une religion indulgente, toujours prête à oublier et à pardonner, quand il existe un aveu et un repentir. Une religion, qui, par une multitude de cérémonies et de rites pieux, rappelle la présence de la divinité, est nécessaire à un peuple frivole et léger ; une religion dont le culte est pompeux et qui fait servir tous les arts aux hommages qu'elle rend à la divinité doit plaire à un peuple qui aime les spectacles, l'éclat, la magnificence et toutes les productions des arts ; enfin, une religion qui donne au sentiment pour la divinité un caractère d'amour, de passion et d'enthousiasme, est analogue au caractère d'un peuple sensible, pour qui aimer est un bien et qui semble attacher à toute exaltation une idée de gloire. »

Cet éloge de la religion catholique n'est point sans offrir, tout au moins dans l'ensemble, quelque analogie avec le panégyrique du roi saint Louis par Voltaire. L'esprit philosophique du xviiie siècle y domine. D'ailleurs ces lignes, datées de mars 1796, sont adressées au roi Louis XVIII, qui, en tant que roi, aimait à se dire le fils aîné de l'Eglise, mais qui était aussi quelque peu le disciple des philosophes. C'est, et j'emprunte l'aveu à M. de Montyon lui-même, « l'éloge profane d'une chose sainte et sacrée. »

M. de Montyon trace un historique fort curieux des anciennes institutions de la France. Ces pages sont empreintes d'un véritable souffle libéral, et en les lisant on comprend le mécontentement qu'elles excitèrent chez certains royalistes ultras.

Les systèmes à l'aide desquels on a expliqué
ou tenté d'expliquer nos origines nationales
sont nombreux.

Faut-il penser, avec l'abbé Dubos, que c'est la
royauté qui joua le premier rôle? Faut-il croire,
avec M. de Boulainvilliers et M. de Montlosier,
que c'est de la féodalité qu'est sorti le monde
moderne? On verra que M. de Montyon appartient plutôt à l'école de Mably et qu'il estime
avec lui que ce sont les institutions libres qui
ont été la vraie source.

A l'encontre de Montlosier, il ne déteste pas
la démocratie. Il est d'ailleurs presque d'accord
avec la critique moderne pour rejeter la valeur
scientifique de tout système exclusif.

Voici, suivant M. de Montyon [1], le régime
politique qui existait en France au moment où
la Révolution éclata et quels devaient être les
droits des citoyens :

« Tout homme naissant sur le territoire de
France naissait libre, et même la seule introduction dans ce territoire conférait la liberté
personnelle.

« La servitude féodale, qui n'existait plus que

---

1. *Rapport à S. M. le roi Louis XVIII*, par M. Auget de
Montyon. Londres. 1796.

dans une ou deux provinces, ne portait point
atteinte à la liberté de la personne et se bor-
nait à grever la propriété d'une charge.

« Nul ne pouvait être empêché de faire ce que
la loi ne défendait pas. Nul ne pouvait être contraint de faire ce que la loi n'ordonnait pas; et
la loi ne prohibait que ce qui était contraire au
bien d'autrui, ne prescrivait que ce qui était
utile au bien de tous. Nul ne pouvait être jugé
que d'après les dispositions de la loi, et par des
juges établis conformément à ces dispositions.

« Tous les Français étaient égaux en droit,
en ce que tous étaient également protégés par
la loi, lorsqu'ils y étaient soumis; également
punis par elle, quand ils y contrevenaient.

« Tout Français pouvait parvenir aux premières dignités de l'Eglise, de l'épée et de la
magistrature. Jamais les droits du génie et de
la vertu n'ont été méconnus par les lois, et
il est nombre d'exemples du respect rendu à
ces titres.

« Tout Français était membre d'une commune, pouvait en défendre les droits et être
défendu par elle, en supportait les charges,
mais participait à ses propriétés et à ses droits.

« Tout Français pouvait élire ou être élu pour

la députation aux Etats de sa province, sauf les
exceptions résultant de la constitution particulière à quelques provinces, établie par leur
capitulation, lors de la réunion à la France, et
protégée par un attachement inspiré par le préjugé plus que par un intérêt réel.

« Tout Français, sauf ces mêmes exceptions,
pouvait élire ou être élu pour la députation aux
Etats généraux, et donner à son député une
instruction à laquelle le député était obligé de
se conformer.

« Nulle puissance publique ne pouvait être
exercée en France, nul office ne pouvait être
tenu, nul bénéfice ne pouvait être possédé que
par un Français; s'il existait des exceptions
elles ne devaient être qu'en petit nombre, personnelles, fondées sur la supériorité des talents,
et accordées comme récompense de services
rendus à l'Etat. Par ce moyen, les exceptions
tournaient à l'avantage de l'Etat, et par conséquent du citoyen auquel était donné un con-
current.

« Ainsi, dans l'ancienne Constitution de
l'Etat, tout citoyen français pouvait députer et
être député aux Etats généraux, et, comme il va
être incessamment observé, nulle loi. nul impôt

ne pouvait être établi sans le consentement des
Etats ; il en résultait que le citoyen français ne
devait être obligé de se soumettre à aucune loi
ni à aucun impôt, qu'il n'eût été consenti par
lui, donnant son vœu par lui-même ou par son
représentant, ce qui constitue essentiellement
la liberté politique.

« Bien plus, dans le régime monarchique, le
citoyen francais avait, suivant la loi, des droits
dont il est privé dans le régime républicain.
Anciennement, tout citoyen français pouvait
élire et être élu ; aujourd'hui, un grand nombre
de citoyens français sont privés de l'un et l'autre
de ces droits. Anciennement, les représentés
donnaient à leur représentant une mission à
laquelle il était obligé de se conformer. Aujour-
d'hui, le représentant peut voter contre l'intention de ceux qui l'ont nommé. Je ne discute
point si le régime nouveau est sur ce point
préférable à l'ancien : j'observe seulement qu'il
confère au citoyen un droit moins étendu que
celui dont il devait jouir dans l'Etat monarchique.

« La nation était divisée en trois ordres : le
clergé, la noblesse, le tiers état ; ces divisions
n'étaient point sans motif et ne formaient point

de castes exclusivement composées d'une partie
de la Nation.

« L'existence des deux premiers ordres tenait
à la profession dont l'objet était l'utilité générale et le bien de l'Etat, le service des autels et
la défense de la patrie. L'ecclésiastique et le
noble devaient se vouer exclusivement au bien
de l'Etat.

« L'entrée dans ces deux premiers ordres était
ouverte à tout Français : on estimait que près
des quatorze quinzièmes de l'Etat ecclésiastique étaient tirés du tiers ordre. Tout Français
pouvait s'anoblir par la profession des armes.
Ce moyen d'anoblissement était un droit national; les autres étaient des concessions du
prince. »

De ce qui précède, M. de Montyon tire la conclusion que, avant la Révolution de 1789, il
existait en France des lois fondamentales, lois
ayant essentiellement ce caractère, puisqu'elles
étaient fondées sur le vœu de la nation et ne
pouvaient être révoquées que par ce même
vœu. Il fait remarquer que l'on trouve dans
les dispositions de ces lois la division des pouvoirs et le moyen de remédier aux imper-
fections ou aux vices de la loi établie. Cette

organisation sociale, ajoute-t-il, existait en France dès le quatorzième siècle, dans un temps où nulle nation européenne n'en avait une plus sage ; et jamais elle n'a été abrogée.

Assurément, M. de Montyon a raison quand il vante cette belle organisation sociale et quand il dit que la France en jouissait au XIVe siècle ; mais où il se trompe, c'est quand il laisse entendre que ce régime était encore en vigueur dans les dernières années du XVIIIe siècle. Non, cela n'est pas exact, et, comme le fait justement remarquer M. Taine [1], « au moment où la Révolution éclate, les anciennes autorités ne sont plus qu'un débris, qu'un simulacre, un souvenir. Les nobles ne sont plus que les courtisans du roi. Depuis le Concordat, le roi nomme les dignitaires de l'Église. Les états généraux n'ont pas été convoqués depuis cent soixante-quinze ans ; les états provinciaux, qui subsistent, ne font que répartir l'impôt ; les parlements sont exilés quand ils hasardent des remontrances. Par son Conseil, ses intendants, ses subdélégués, le roi intervient dans la moindre affaire locale. »

Le jour où Louis XIV avait dit : « L'État, c'est

----

1. *Les origines de la France contemporaine.* Paris, 1879.

moi, » l'organisation sociale tant vantée par M. de Montyon cessait d'exister. C'était donc une sorte d'exhumation que voulait M. de Montyon. La résurrection de Lazare est un fait évangélique. Les peuples, pas plus que les fleuves, ne peuvent reculer et remonter à leur source; mais peut-être est-il prudent de ne pas dériver leur cours avec précipitation. Nos pères de 89 ont trop souvent confondu la Seine avec le Tibre. Au lieu d'étudier avec soin le vieux passé de la France et d'emprunter à la tradition française ce qu'elle avait de bon et de pratique, ils ont préféré se nourrir des souvenirs de Rome et de Sparte. Évidemment il est facile de poser en axiome les droits de l'homme et d'en tirer les conséquences ; mais il eût été plus utile et moins dangereux d'étudier le mécanisme des constitutions libres que se sont données les peuples modernes. C'est dans cette mesure que M. de Montyon a raison.

On pourrait presque voir un indice de la frivolité française dans cet engouement irréfléchi pour l'antiquité et pour les principes abstraits qui s'empara de tous les esprits. En voulant réagir contre cette tendance, alors générale. M. de Montyon a presque devancé la nouvelle école historique qui, aux phrases sonores et pompeuses du XVIIIe siècle, préfère l'étude des documents originaux.

Si M. de Montyon espérait retrouver dans les origines mêmes de la nation française les principes à l'aide desquels il voulait entreprendre la réforme de l'état social, il faut reconnaître que sa confiance dans le vieux passé de nos ancêtres, obscurci par les règnes de Richelieu, de Louis XIV et de Louis XV, ne le rend pas injuste, comme le sont généralement les émigrés, pour les hommes de la Révolution.

« Je ne puis, dit-il[1], adopter cet esprit de parti qui voue haine à tout le parti contraire et en criminalise tous les sectateurs; il me semble qu'on ne considère plus assez quel empire prend une opinion présentée avec éloquence sur un esprit qui n'est pas en état de juger par lui-même, quel ascendant un sentiment accrédité acquiert sur une âme faible, et comme dans tous les temps et sur tous les objets le préjugé, la passion et l'esprit de parti ont falsifié les idées du juste et de l'injuste. J'en prends à témoin l'homme qui a le mieux connu l'homme dans l'état de

1. *Rapport à S. M. le roi Louis XVIII*, par M. Auget de Montyon. Londres. 1796.

trouble et de faction : « Les hommes ne se sen-
« tent pas, dit le cardinal de Retz, dans toutes
« ces sortes de fièvres d'État, qui tiennent de
« la frénésie. Je connaissais en ce temps des
« gens de bien qui étaient persuadés jusqu'au
« martyre, s'il eût été nécessaire, de la justice
« de la cause de messieurs les princes; j'en con-
« naissais d'autres d'une vertu désintéressée et
« consommée, qui fussent morts avec joie pour
« la défense de celle de la cour. » Si telle a été
l'exagération de la passion dans cette guerre,
qui fut plutôt une tracasserie de cour qu'une
dissension nationale, aujourd'hui que de plus
grands intérêts nous agitent, il est facile de con-
cevoir l'excès du délire; et on ne doit pas s'étonner si dans quelques Français la haine même
est un effet de la vertu.

« Quant à moi, j'ai peine à rompre ces liens, à
renoncer à ces affections qui, ayant commencé
avec mon existence, semblent se confondre avec
les sentiments de la nature ; et dans ces républicains, devenus mes persécuteurs, j'aperçois
encore mes concitoyens. Je ne dissimule pas
que sous le nom de Français, dont longtemps
je m'honorai, il existe encore, même au sein de
la République, des hommes réellement estima-

bles ; l'amour de l'humanité et de la patrie, l'idée
de rendre l'homme aussi heureux que le comporte l'état social, le projet de faire régner la
justice la plus exacte et de supprimer tous les
abus : ces idées sont si grandes, ces sentiments
sont si nobles, qu'il est possible que leur exaltation, égarant des âmes pures, ait fait considé-
rer des injustices comme des sacrifices nécessaires de l'intérêt particulier à l'intérêt général,
et des actions désavouées par la raison et par
la morale comme légitimées par le patriotisme. »

Il n'y a que les grandes âmes qui sachent
pratiquer une telle indulgence au lendemain
même de la persécution.

Si M. de Montyon n'a point contre les hommes
de la Révolution ces accents de haine que l'on
retrouve si souvent chez les royalistes, cela est
dû à l'élévation de son cœur ; et, hâtons-nous
d'ajouter : Chez lui, l'esprit et l'intelligence politique étaient à la hauteur du cœur. Sans doute,
les maximes démocratiques, telles que les for-
mulait la Convention, ne sont pas de son goût ;
mais ce qu'il y a de certain, c'est que le principe démocratique ne lui déplaît pas. « On a
formé, dit-il, à l'aide de ces maximes, un corps

de doctrines odieux, et cependant, ajoute-t-il,
« plusieurs de ces principes sont vrais d'une
vérité éternelle ; ils ont été établis par tous les
publicistes, avoués par tous les hommes d'État ;
ils sont le germe, le texte et la conséquence de
plusieurs de nos lois [1]. Tous les parlements du
royaume ont professé une grande partie de ces
principes qu'un zèle inconsidéré flétrit dans la
bouche des républicains. Dans une des assemblées du Parlement de Paris les plus solennelles,
M. Talon, avocat général, aussi célèbre par son
éloquence que par ses vertus, a établi des règles
de liberté civique, aussi hardies, aussi étendues
que la plupart de celles établies dans ces derniers temps.

« Souvent j'ai entendu dans les conseils du roi
défendre les droits des peuples, fixer les limites
de la puissance royale et réclamer le pacte social non dans les mêmes termes que dans les
clubs, mais avec le même vœu d'équité. La vérité, pour être revêtue des formes de la politesse et du respect, ne perd rien de sa pureté
et de son énergie. »

Puis vient cette phrase, frappée au coin du

____

1. *Rapport au roi Louis XVIII*, par M. Auget de Montyon.

xviiie siècle, un peu déclamatoire, mais inspirée
par un beau sentiment :

« Je proteste que dans tout homme je reconnais un frère ; que je m'honore du nom de
citoyen, et que j'en défendrai les droits tant
que j'existerai ; que j'abhorre le despotisme, et
que nul plus que moi ne mérite le titre de patriote ; car pourquoi céder à un fanatisme coupable un titre qui exprime un devoir et une
vertu ? »

Ce mot de patriote n'était pas encore entré
dans le langage ordinaire. Cependant M. de
Montyon n'hésite pas à l'employer. Il comprend
que des sentiments nouveaux exigent des
expressions nouvelles.

Il ne veut rien laisser aux révolutionnaires de
ce qu'il peut leur enlever. Il aime la vieille patrie française, donc il est patriote ; mais de ce
qu'il se pare, avec une certaine affectation, du
titre de patriote, on aurait tort de conclure que
M. de Montyon fut républicain. Pour lui, la véritable formule gouvernementale, c'est la monarchie traditionnelle et constitutionnelle.

On avait trop abusé de la république romaine
pour qu'il conservât le goût de la chose. C'était
d'abord les grandes dames qui avaient donné

le signal en applaudissant, à Versailles même, les tirades de la tragédie de *Brutus* par Voltaire [1] ; puis l'engouement était devenu général ; les noms des héros grecs et romains étaient dans toutes les bouches [2]. « Beaucoup étaient d'accord sur ce point que la France d'autrefois était morte et qu'on allait, avec les souvenirs de la république romaine, reconstituer une France nouvelle. »

Ces idées, en tant que réminiscences historiques, plaisaient peu à M. de Montyon, qui les regardait comme dangereuses.

L'événement prouva qu'il n'avait pas tort. Quand on songe que M. de Montyon écrivait les lignes qui précèdent et celles qui vont suivre en 1796, c'est-à-dire au lendemain même de la Terreur, on comprend que, si son esprit droit acceptait les principes républicains, il n'en était pas de même de la formule républicaine telle qu'elle avait été mise en œuvre par la Convention :

« Plusieurs [3] des principes républicains sont, dit-il, vrais d'une vérité éternelle ; mais, ajoute-

1. De Ségur, *Mémoires*. t. CLI.
2. Taine, *Les origines de la France contemporaine*.
3. *Rapport à S. M. le roi Louis XVIII*, par M. Auget de Montyon. Londres, 1796.

t-il plus loin, le régime républicain est faux et par sa fausseté même nécessite l'injustice, la violence, l'atrocité. »

Suivant M. de Montyon, la loi fondamentale de tous les empires, « c'est l'intérêt des peuples, et c'est l'intérêt des peuples qui a créé les rois. Là où finit l'intérêt des peuples finit la puissance des rois [1]. » M. de Montyon déclare ne point reculer devant les conséquences de la hardiesse de cette idée. Peut-être n'a-t-il pas entrevu ces conséquences aussi clairement qu'elles nous apparaissent aujourd'hui. Ces conséquences vont au delà du système préconisé par M. de Montyon. M. de Montyon avait appareillé son vaisseau pour nous faire aborder en Angleterre, c'est-à-dire au régime constitutionnel ; mais les vents ont enflé les voiles, et il nous a fallu aborder en Amérique, c'est-à-dire au régime républicain. Quoi qu'il en soit, voici l'exposé des principes du gouvernement que M. de Montyon souhaite pour la France [2].

« Je ne reconnais point pour lois fondamen-

1. Étienne Pasquier, dans ses *Recherches*, dit : « Les peuples ne sont pas faits pour les rois, mais les rois pour les peuples. » C'est la même idée sous une autre forme.

2. *Rapport au roi Louis XVIII*, par M. Auget de Montyon. Londres, 1796.

tales de l'Etat les lois qui n'ont par été concer-
tées avec la nation. Quelque sages, quelque
justes qu'elles puissent être, elles sont nulles
par défaut de pouvoir.

« Les lois intervenues sur le régime politique
de la France conformément au vœu de la nation sont les seules lois fondamentales de
l'Etat.

« Conformément à ces lois, la nation doit avoir
des représentants. Ces représentants doivent
s'assembler. Ils peuvent réclamer contre toute
institution, toute opération, tout acte du gouvernement préjudiciable à la nation ou contraire
à ses droits. Sans leur consentement, aucune
loi de l'Etat ne peut être donnée, aucun impôt
ne peut être créé.

« Le roi admet ou rejette le vœu de la nation,
donne les lois ou crée les impôts qui ont été
consentis par elle ; il a la plénitude du pouvoir
exécutif.

« Le pouvoir judiciaire ne peut être exercé par
le roi lui-même, mais doit être exercé en son
nom par des officiers irrévocables.

« Toute distinction entre les citoyens doit être
fondée sur les services rendus à la patrie.

« Nulle contrainte ne peut être exercée, nulle

peine ne peut être infligée que conformément à
la loi et d'après jugement rendu par des juges
reconnus par la loi.

« Obéissance n'est point due à l'ordre contraire à la loi ; et tout infracteur de la loi doit
être puni.

« Les lois ne peuvent être révoquées que par
la même puissance qui les a créées, et par ce
moyen peuvent et doivent être abrogées toutes
lois contraires aux droits de l'humanité et de la
nation. »

Le principe de l'assiette de l'impôt, sous
l'ancien régime, est vivement critiqué par M. de
Montyon. « L'ignorance et l'intérêt particulier
ont, dit-il [1], donné naissance aux gabelles, aux
aides et aux tailles, débris fiscaux du régime
féodal qu'il paraît indispensable de supprimer :
les gabelles, parce qu'elles portent sur un besoin et non sur un produit ; les aides, parce
que, telles qu'elles existaient, elles affectaient la
consommation du pauvre plus que celle du
riche ; et la taille, parce que dans la plus
grande partie du royaume elle portait sur l'industrie plutôt que sur ses produits, et partout

1. *Rapport au roi Louis XVIII*, par M. Auget de Montyon.
Londres. 1796.

elle admettait des distinctions inadmissibles
en matière d'impôt. »

À coup sûr, nous nous associons à ces justes
critiques de l'assiette de l'impôt sous l'ancien
régime. La loi de 1795, qui ordonne que les
impôts seront supportés par tous dans les proportions de leurs propriétés, nous apparaît
comme un grand et utile progrès. Cependant
cette loi ne suffit pas à M. de Montyon ; il trouve
qu'elle n'établit pas une règle suffisamment
équitable :

« Il serait à désirer [1], pour qu'une justice entière fût rendue à la pauvreté, que l'impôt ne
portât que sur les possessions qui forment un
superflu, ou du moins que cet impôt fût établi
de préférence à tout autre. Cette taxe même ne
devrait pas être dans une simple proportion
numérique, mais dans une proportion morale et
politique, en sorte que l'impôt fût gradué suivant le préjudice qui résulte pour l'Etat de divers genres de luxe. La répartition des impôts
n'ayant pas été réglée plus que leur assiette,
des injustices d'un autre genre en ont résulté ;
cette répartition doit être établie de manière

<hr>

1. *Rapport à S. M. le roi Louis XVIII*, par M. Auget de
Montyon. Londres, 1796.

que dans toute l'étendue du royaume un superflu égal et, après le superflu, un revenu
égal, soient grevés d'une égale contribution. »

Ainsi M. de Montyon déclare que le luxe est
un préjudice pour l'État. A son insu peut-être,
il appartient à l'école de Rousseau. Il n'est pas
éloigné de penser que le luxe n'est bon qu'à
efféminer le corps et à dissiper l'esprit. C'est
surtout dans l'éloge du chancelier de L'Hôpital
qu'il écrivit en 1777, pour le concours de l'Académie française, que M. de Montyon émet contre
le luxe et les arts d'agrément des idées qui semblent puisées dans le *Contrat social*.

« Quand vous voyez, dit-il[1], le vaste génie de
L'Hôpital porter partout ses regards, rendre au
commerce son activité, le borner aux seules
choses utiles, le maintenir en lui donnant des
juges (juges-consuls, 1563); recréer l'esprit de
la nation par l'encouragement qu'il donnait aux
talents nécessaires, par l'oubli dont il voulait
étouffer ces vains arts d'un luxe ruineux, par
l'établissement de lois somptuaires[2] qui ne lais-

---

1. *Éloge de Michel de L'Hôpital*, par Auget de Montyon.
Paris, 1777.

2. Le chancelier regardait comme un principe certain de
la ruine des États le luxe de la table et celui des habits.
Aussi fut-il défendu aux tailleurs de mettre pour plus de

saient d'autres distinctions que celle de la vertu,
encourageaient les hommes aux travaux, répri-
maient ce goût si vif de parures frivoles dans
un sexe toujours assez aimable sans ces vains
ornements, et nourrissaient dans de chastes
épouses la gravité des mœurs, ne semble-t-il
pas qu'un Lycurgue, le plus grand des législa-
teurs du plus sage des peuples, ait animé L'Hôpital de son génie ? »

Mais voici un autre passage du même ouvrage qui nous montre, à n'en pas pouvoir
douter, qu'à cette époque de sa vie (1777) M. de
Montyon était fort imbu des idées de Rousseau :

« J'ose demander à ceux qui, habitués à voir
les chefs de l'Etat vivant au milieu des gran-
deurs, imaginent qu'ils ne doivent se choisir
que dans une classe élevée, si les grands sont
aussi les seuls citoyens, les seuls éclairés, les
seuls amis du bien public et de la nation ? Ils
ont, me dira-t-on, plus d'intérêt à la défendre. Sans doute : mais tous les Français n'ont-
ils pas un égal penchant pour la rendre heureuse ? »

60 fr. d'ornement à un habit; il fixa le nombre des convives
d'un repas et jusqu'à la dépense qui pouvait s'y faire.

Rapprochons de ceci les lignes suivantes, empruntées à l'*Emile* de Rousseau [1] :

« Tous les avantages de la société ne sont-ils pas pour les puissants et pour les riches ? Tous les emplois lucratifs ne sont-ils pas remplis par eux seuls ? Et l'autorité publique n'est-elle pas toute en leur faveur ? Que le tableau du pauvre est différent ! Plus l'humanité lui doit, plus la société lui refuse.... »

Les idées de l'homme d'Etat et celles du philosophe diffèrent peu. Sans doute, on sent dans les lignes écrites par le philosophe la rancune personnelle du plébéien pauvre contre la société ; mais le magistrat lui-même prononce avec une désinvolture presque égale la condamnation de cette société que vingt ans après il devait défendre si énergiquement. C'est que l'un et l'autre sont de leur époque. Tout autour d'eux ils ont entendu pousser ce cri qui est celui de la seconde partie du xviiie siècle : « Retour à la nature. » Pour le philosophe, ce cri veut dire abolition de la société. Pour le magistrat, il signifie seulement réforme, reprise des anciennes coutumes. Mais l'un et l'autre

1. J.-J. Rousseau, *Emile*, livre IV,

appellent de tous leurs vœux le temps où, comme le dit Condorcet [1], « le soleil n'éclairera plus sur la terre que des hommes libres, ne reconnaissant pour maîtres que leur raison. »

On sait quel fut le réveil. Le philosophe n'y assista pas ; mais le magistrat vit naître les hommes nouveaux.

Forcé par la tempête révolutionnaire de quitter son château, M. de Montyon put, en partant, apercevoir de sa fenêtre le petit coin de terre où, par les soins de M. de Girardin, avaient été ensevelis à Ermenonville, dans une île marécageuse, les restes du philosophe.

Curieux effet des choses d'ici-bas : le magistrat était proscrit pendant que la Convention venait en grande pompe enlever les restes de Rousseau pour les porter au Panthéon.

En plaçant le nom de Rousseau à côté de celui de M. de Montyon, je me suis un peu écarté de mon sujet ; mais j'ai montré que M. de Montyon était marqué jusqu'à un certain point de l'empreinte du XVIIIᵉ siècle.

Nous allons maintenant examiner quelques-unes des réformes souhaitées par M. de Montyon.

1. *Tableau des progrès de l'esprit humain*, deuxième époque.

M. de Montyon était libre échangiste, et en cela il partageait la doctrine de Henri IV, qui écrivait à la date du 12 mars 1595 :

« La liberté du trafic est l'un des principaux moyens de rendre les peuples aisés, riches et opulents. »

Aussi ne craint-il pas de traiter d'insensé le régime introduit par Colbert [1]. « Ce ministre causa au pays un préjudice essentiel en tolérant une police absurde sur le commerce des grains, en souffrant que les cours de justice réservassent à la consommation de leur territoire les blés produits dans ce territoire, et qu'elles défendissent de faire des magasins qui sont évidemment nécessaires pour transmettre la surabondance d'une récolte à la stérilité d'une mauvaise année. Il tomba encore dans une erreur pernicieuse en ce qu'il ne permit point l'exportation des grains dans les années d'abondance, ce qui priva le cultivateur du produit de ses peines et découragea la culture. »

M. de Montyon se déclare en faveur de la suppression des corvées. Cette suppression, dont l'honneur remonte à M. Turgot, est loua-

---

1. *Rapport au roi Louis XVIII*, par M. Auget de Montyon. Londres, 1796.

ble en ce qu'elle fit retomber sur les propriétaires de la terre la charge de la construction et de l'entretien des chemins qui portaient en grande partie sur les manouvriers.

« Que le manouvrier, dit M. de Montyon [1], qui est sans propriété foncière, soit affranchi d'un travail dont l'objet n'est directement utile qu'au propriétaire du sol, c'est une disposition dont la justice est évidente ; mais, comme cet affranchissement ne peut avoir lieu qu'en en rejetant la charge sur les propriétaires de terres, la conversion d'un travail en nature en une rétribution pécuniaire est susceptible de considérations qui méritent d'être étudiées.

« Il faut observer comment cette conversion doit être opérée ; si elle est également avantageuse pour tout genre d'ouvrages, confection ou entretien des chemins ; si elle est également convenable dans tous les pays, dans ceux où le genre de culture laisse pendant quelque temps les hommes et les animaux destinés à la culture sans occupation, et dans ceux qui offrent un objet de travail continuel ; dans quelle proportion la contribution doit être répartie ; si

1. *Rapport à S. M. Louis XVIII*, par M. de Montyon. Londres. 1796.

elle doit peser sur les produits du sol seulement, et également sur les terres qui sont à la proximité du chemin, et sur celles qui, par leur distance, en tirent peu d'avantages ».

A coup sûr, ces excellentes réflexions sur la prestation en nature, impôt sans cesse critiqué et encore maintenu de nos jours, nous mènent loin de ces phrases sonores que nous citions tout à l'heure. C'est qu'ici c'est l'homme pratique qui reparaît, l'administrateur utile ; et celui-là est vraiment hors de conteste.

Le xviii⁰ siècle ne répugnait pas à ces maximes humanitaires, qui abondent dans les écrits de M. de Montyon, et c'est par là même qu'il plaisait à ses contemporains. Notre époque, plus sobre dans l'expression, saura reconnaître que les idées émises par M. de Montyon sont souvent empreintes d'un rare bon sens et qu'elles méritent qu'on s'y arrête.

CHAPITRE VI

LE PUBLICISTE

Eloge du chancelier de L'Hôpital. — Recherches et considérations sur la population de la France. — Mémoire présenté au roi au nom de messieurs le comte d'Artois, le prince de Condé et le duc de Bourbon. — Les conséquences qui ont résulté pour l'Europe de la découverte de l'Amérique. — Rapport à S. M. le roi Louis XVIII. — M. de Montyon et les Français émigrés en Angleterre. — Progrès des lumières au xviiie siècle. — Influence des diverses espèces d'impôts sur la moralité, l'activité et l'industrie. — L'éloge de Corneille. — L'exposé statistique du Tunkin. — Particularités et observations sur les ministres des finances les plus célèbres depuis 1660. — Le système de Law. — Les ministres des finances de Louis XV et de Louis XVI sont plus honnêtes que ceux de Louis XIV. — Utilité de maintenir les ministres en place.

Le 24 août 1822, M. le comte de Ségur, parlant devant l'Académie française de M. de Montyon, disait [1] : « On se rappellera quelquefois qu'il a

1. Institut de France, Académie française, recueil 1820-1829.

fait de bons livres, mais on se souviendra toujours qu'il a secouru beaucoup les malheureux. »

Ces paroles sont fort justes. J'ai l'intention de
me conformer à l'idée indiquée par le spirituel
académicien en ne donnant pas à ce chapitre
un développement qu'il ne comporte pas. Ce
n'est point que je pense que M. de Montyon
soit sans mérite littéraire ; mais j'estime que là
il n'occupe qu'une place secondaire, tandis qu'il
est au premier rang comme administrateur, et
tout à fait hors de pair comme bienfaiteur de
l'humanité.

La gloire des grands hommes a plusieurs
aspects, et chaque époque peut y trouver son
point de vue [1]. C'est sous l'aspect du plus
grand philanthrope du siècle que notre gé-
nération envisage M. de Montyon ; je croirais
diminuer ce grand homme de bien si j'accor-
dais à ses œuvres littéraires cette importance
hors ligne qui n'appartient qu'à ses bonnes
actions.

C'est en 1777 que M. de Montyon fit paraître
son premier ouvrage [2], l'éloge de ce grand chancelier de L'Hôpital, qui, dès le XVIᵉ siècle, avait si

1. Saint-Marc Girardin.
2. *Éloge de Michel de L'Hôpital.* Paris, 1777.

nettement indiqué aux magistrats leurs devoirs
en leur disant qu'ils étaient « les juges du pré
et du champ et non des mœurs, non de la religion. »

M. de Montyon adresse un curieux reproche
à L'Hôpital : c'est celui d'avoir tenté la suppression des épices qu'il voulait remplacer par une
augmentation du traitement des magistrats.
« La haine vigoureuse que L'Hôpital porta à l'intérêt sordide l'entraîna même, dit M. de Montyon,
au delà des fonctions de sa charge. C'est le seul
reproche qu'on peut lui faire. En supprimant
les épices, on pensa que le chancelier cherchait à
leurrer le peuple, et, en augmentant les honoraires des juges, on crut qu'on voulait affaiblir leur
pouvoir. Mais le Parlement résista. Le chancelier céda; les épices furent maintenues. » M. de
Montyon admire tout à la fois la courageuse résistance du Parlement et la soumisson du chancelier.

L'œuvre de M. de Montyon fut honorée
des suffrages de l'Académie. Cela prouve jusqu'à un certain point que le jugement porté
par M. de Montyon sur L'Hôpital était partagé
par ses contemporains. Il y a là une circonstance atténuante.

L'année suivante, M. de Montyon fit paraître les *Recherches et considérations sur la population* de la France [1]. Bien que cet ouvrage ne porte pas le nom de M. de Montyon, mais celui de M. Moheau, son secrétaire, le *Journal des savants* de mai 1779 dit que cet ouvrage est de M. de Montyon. Girault de Saint-Fargeau, dans sa bibliographie de la France, n'est point de cet avis. L'opinion du *Journal des savants* a toutefois prévalu. Je la partage et j'estime l'avoir définitivement assise sur des bases certaines.

Au cours des recherches que j'ai opérées aux Archives nationales, dans les papiers séquestrés, sur les émigrés et les condamnés, j'ai retrouvé [2], au milieu de baux, quittances et papiers de toutes sortes ayant appartenu à M. de Montyon, des feuillets épars, couverts de chiffres et d'appréciations, se rapportant à l'ouvrage en question, le tout écrit de cette écriture fine, peu lisible, à peine achevée, qui est celle de M. de Montyon. Le doute n'est donc plus possible. Sur le recto, on trouve un bail ou un projet de bail, et sur le verso les chiffres de « la statis-

1. *Recherches et considérations sur la population de la France*, par M. Moheau. Paris, 1776.
2. *Archives nationales*. Émigrés et condamnés, papiers séquestrés, IV, t. 1 et 2.

tique ». Pour qui connaît la parcimonie habituelle de M. de Montyon, la chose n'est pas étonnante.

Ce livre obtint un succès qu'on a quelque peine à comprendre aujourd'hui. Il est en effet d'une lecture difficile et sans bases certaines. Le comte Daru en faisait cependant quelque cas, et, dans un discours prononcé au sénat, il reprocha aux commissaires nommés pour estimer la population de ne s'être pas conformés aux principes établis dans cet ouvrage pour les évaluations et les classifications. En mettant ce livre à l'actif de M. de Montyon, nous ne pensons pas avoir accru sa renommée, mais seulement avoir rendu hommage à la vérité.

Dans le courant de cette même année M. de Montyon rédigea pour le comte d'Artois, le prince de Condé et le duc de Bourbon, un *mémoire adressé au roi* [1]. Les princes au nom desquels il écrivait n'étaient certes pas à la tête du grand mouvement libéral de l'époque; c'est ce qui explique la phrase suivante, qui est comme le résumé du travail sans être pour cela l'expression de l'opinion personnelle de M. de Montyon :

[1]. *Mémoire présenté au roi au nom de MM. le comte d'Artois, le prince de Condé et le duc de Bourbon*. Paris, 1778.

« Qui peut dire où s'arrêtera la témérité des
opinions? Les droits du trône ont été mis en
question ; les droits des deux ordres de l'Etat
divisent l'opinion ; bientôt les droits de la propriété seront attaqués ; l'inégalité des fortunes
sera présentée comme un objet de réformes ;
déjà on a proposé la suppression des droits féodaux comme l'abolition d'un système d'oppression, reste de la barbarie. »

Le dernier prix que donna au XVIIIe siècle
l'Académie française échut à M. de Montyon.
Pendant cinq années de suite, le prix avait
été remis. Le sujet était : « *Les conséquences
« qui ont résulté pour l'Europe de la décou-
« verte de l'Amérique, relativement à la poli-
« tique, à la morale, au commerce.* » C'était,
fait justement remarquer M. Feugère [1], une
question dont la gravité réclamait les plus
hautes lumières unies aux plus vastes connaissances.

C'est en 1796 que se place la publication de
l'œuvre capitale de M. de Montyon au point de
vue politique, son *Rapport au roi Louis XVIII* [2],

<hr>

1. *Éloge de M. de Montyon*, par M. Léon Feugère.
Paris, 1834.
2. *Rapport à S. M. le roi Louis XVIII*, par M. Auget de
Montyon. Londres, 1796.

réponse à l'ancien ministre de Calonne, qui venait de publier à Londres, son *Tableau de l'Europe*. Cette publication eut un grand retentissement. « Je me souviens, dit M. Lacretelle [1], de l'impression que produisit en France en 1796, pendant la domination du Directoire, la lecture du rapport adressé à Louis XVIII par M. de Montyon. Nulle chose ne fut plus propre à donner des forces au royalisme renaissant. Le cœur du roi proscrit et du magistrat, son interprète, s'étaient admirablement rencontrés dans cet écrit conciliateur. »

Mieux que tout autre, Lacretelle était à même d'apprécier l'effet produit au sein du gouvernement français par la publication de M. de Montyon, car il était alors en relations continues avec Fouché. Quatre ans avant, Mallet du Pan avait fait paraître à Bruxelles son fameux ouvrage *Considérations sur la nature de la Révolution*. On sait la colère que cet ouvrage suscita parmi les émigrés. La publication du *Rapport au roi* coïncida avec celle d'un ouvrage de M. de Montlosier intitulé *Effets de la violence et de la modération dans les affaires de France*, qui

---

1. Institut de France. Académie française, discours sur M. de Montyon, 25 août 1821.

attira également à son auteur des haines implacables.

Assurément l'œuvre de M. de Montyon ne souleva pas une polémique aussi vive, mais elle causa un profond mécontentement parmi les royalistes purs. Je ne veux pas ici établir un parallèle entre les opinions politiques de Montlosier et celles de M. de Montyon. La fougue du premier était grande, et, comme le disait avec esprit Cazalès, « il est vraiment étonnant qu'un homme aussi violent ait jugé à propos de parler de modération. » Le même reproche ne peut à coup sûr être adressé à M. de Montyon, esprit calme et modéré; cependant peu s'en fallut que cette société de l'émigration, si nombreuse à Londres depuis que les revers des Autrichiens l'avaient accrue des gentilshommes de l'armée de Condé, ne fît un mauvais parti à M. de Montyon.

Sans doute M. de Montyon défendait l'ancien régime, qu'il avait servi loyalement mais il en reconnaissait les abus. « Or les abus, comme le disait naïvement une émigrée, Mme de Monregard, c'est ce qu'il y avait de mieux [1]. »

1. *Le comte de Montlosier et les constitutionnels*, par M. Bardoux. Paris, 1880.

Toute l'émigration est là : société insouciante
et frivole, qui puisait dans son insouciance et
sa frivolité même une certaine apparence de
force. Le matin, chaque émigré recevait comme
subside le schelling voté par le Parlement. Le
soir on se réunissait entre soi ; on trouvait le
moyen de s'amuser ; on dansait même, quand
le temps était froid et qu'on n'avait pas de quoi
se chauffer. On faisait des jeux de mots sur « ces
affreux monarchiens ». M. de Lally était « la lie
du peuple. » Enfin on suivait la tradition de
ce gai xviiie siècle : on continuait à se divertir,
non pas autant qu'on l'aurait voulu, mais autant
qu'on le pouvait.

On ne récriminait pas contre le passé ; bien
au contraire, on espérait le voir renaître un jour
ou l'autre. C'est précisément parce que le *Rapport au roi* signalait les réformes à introduire
qu'il fut mal accueilli par ces émigrés désœu-
vrés qui plaçaient tout leur espoir dans l'accroissement du mal. On condamna l'ouvrage,
comme n'étant pas assez monarchique.

Le mécontentement se serait traduit par des
actes, et l'intolérance des royalistes purs se serait
donné une libre carrière sur M. de Montyon, en
l'obligeant à quitter l'Angleterre, tout comme

on avait fait pour MM. de Lameth et de Lusi-
gnan, si l'on n'avait appris que le roi Louis XVIII
avait reçu communication du manuscrit et que
l'impression en avait été faite par ses ordres.
Ce fut pour les royalistes purs un coup d'autant
plus difficile à supporter que le comte de Provence venait de traiter avec une certaine dureté M. de Montlosier, et qu'ils espéraient bien
qu'un même traitement serait infligé à M. de
Montyon. M. le comte de Provence fut qualifié
de jacobin. L'attitude de M. le comte d'Artois,
qui ne prit même pas connaissance de l'œuvre
de son ancien chancelier, fut jugée beaucoup
plus correcte.

M. de Montyon se consola facilement de l'hos-
tilité des royalistes et de l'indifférence de son
prince. Pour lui, l'exil n'était pas une réunion
de causeurs élégants, mais un lieu d'épreuves
où l'on prépare l'avenir en méditant sur les
fautes du passé. Ces fautes du passé M. de Montyon les connaissait bien et il osait les signaler.
Il ne craignait pas de proclamer hautement que
les lois les plus solennelles avaient été enfreintes.

« Il est donc nécessaire, disait-il [1], que l'em-

1. *Rapport à S. M. le roi Louis XVIII*, par M. Auget de
Montyon. Londres. 1796.

ploi des revenus de l'État soit tellement déterminé, que le citoyen soit assuré que non seulement il ne paye pas la plus légère somme dont il n'ait consenti la levée, mais même que chaque portion de cette somme aura l'emploi auquel lui-même l'a destinée par l'organe de ses représentants.

« Une constitution ainsi organisée, continuait M. de Montyon, est évidemment la seule qui puisse convenir à la France et la faire jouir avec stabilité des grands avantages qui sont le produit de l'état social. Une telle constitution est exactement conforme aux principes généraux des sociétés politiques ; il y existe division des pouvoirs législatif et exécutif, et combinaison de deux genres de pouvoirs ; en sorte que la nation ne peut produire une loi que par la volonté du roi, et le roi ne peut la donner sans le consentement de la nation. La nation n'est point appelée à gouverner, mais le roi ne peut gouverner sans l'assistance de la nation, parce que la finance est un moyen indispensable de gouvernement : les pouvoirs législatif et exécutif, étant ainsi en présence et en opposition, et sous divers rapports dans une dépendance réciproque, les entreprises illégales de l'un ou

de l'autre trouvent des obstacles ; cependant
ces deux pouvoirs sont obligés de se rapprocher
et de se concerter pour donner au corps politique le mouvement sans lequel il périrait : malheur dont l'un et l'autre pouvoir seraient les
victimes. Dans un tel équilibre et dans une telle
combinaison des pouvoirs réside essentiellement la liberté : et il n'est pas un publiciste, si
son suffrage n'est pas corrompu par quelque
vil intérêt, qui ne reconnaisse dans un tel ordre
de choses ces barrières tutélaires de l'humanité
qui contiennent la monarchie qui tendrait à
la tyrannie, et la liberté qui dégénérerait en
licence. »

On comprend que des doctrines si profondément libérales n'aient point été du goût des
royalistes purs. On laissa entendre que M. de
Montyon avait des fréquentations avec le prince
de Poix et autres gentilshommes amis des constitutionnels ; mais on n'osa pas aller jusqu'à le
mettre lui-même aux rangs des monarchiens.
D'ailleurs il avait le roi pour lui, roi habile et
prudent, auquel M. de Montyon pouvait dire
sans craindre de lui déplaire que « l'intérêt du
peuple avait créé les rois et que là où finissait
cet intérêt finissait la puissance des rois »,

Ce rapport, comme on l'a fait justement observer, est un modèle de dialectique calme et
puissante, de clarté dans l'expression des idées,
de justesse dans le raisonnement, de sincérité
dans la discussion et en même temps de cette
convenance, qui absout la conscience en con-
damnant les opinions. Jamais M. de Montyon,
et c'est là son honneur, ne commit cette faute
de n'attribuer à ses adversaires politiques que
des vues basses et criminelles.

En 1801, M. de Montyon obtint le prix, proposé par l'Académie de Stockolm, sur la question
de savoir *quel jugement devait être porté sur le*
XVIII*e siècle.*

Qui mieux que M. de Montyon connaissait ce
XVIII*e* siècle, dont il avait partagé les idées généreuses et jusqu'à un certain point les illusions ? Ne faisait-il point partie de cette société
charmante, où l'élégant savoir-vivre du maréchal de Richelieu était pratiqué par les gens de
bonne compagnie et où, cependant, la rusticité
affectée de Jean-Jacques Rousseau ne déplaisait
pas aux femmes du grand monde, comme une
exception qui confirme la règle. Voltaire, Rousseau, Montesquieu, Buffon, d'Alembert, Duclos,
Mably, Condillac, Beaumarchais, Bernardin de

Saint-Pierre, Turgot, philosophes, légistes, naturalistes, mathématiciens, historiens, administrateurs, M. de Montyon connut tous ces grands artisans du progrès des lumières au XVIIIe siècle. Il rendit service à Voltaire. Il pensait avec Turgot, dont il était l'ami, que les citoyens ont des droits sacrés, que la société doit respecter parce qu'ils existent indépendamment d'elle. Il admettait, comme Montesquieu, que les institutions humaines ne sont point immuables. Il approuvait fort Duclos [1] lorsqu'il disait que « rien n'était si embarrassant pour un gouvernement que les magistrats qui ont leur honneur à conserver, peu de choses à perdre et rien à prétendre, quand ils se renferment dans leurs devoirs. »

Ce que n'aimait pas M. de Montyon c'étaient ces gravelures et ces crudités que les maîtres de l'esprit public eux-mêmes introduisaient jusque dans leurs ouvrages. Aussi eut-il peine à dissimuler son mécontentement lorsque sa propre sœur Mme de Fourqueux écrivit ce roman [2] dont nous avons parlé ailleurs et dont la publication n'a pas d'excuses, si ce n'est celle de coïncider

1. Duclos, *Histoire de France*.
2. *Julie d'Olmont*, par Mme de Fourqueux.

avec d'autres du même genre, comme *Le por-
tier des Chartreux.*

Cet écrit de M. de Montyon sur le xviiie siècle est empreint de ce cachet d'impartialité qui
est le propre de son talent. Pour lui, comme
pour Mme de Staël, l'humanité grandit en spi-
rale, mais elle grandit.

En 1806, M. de Montyon publia un traité sur
l'*Influence qu'ont les diverses espèces d'impôts sur
la moralité, l'activité et l'industrie.* Ce titre n'est
point sans analogie avec celui de l'ouvrage
d'Adam Smith, *Recherches sur la nature et les
causes de la richesse.*

Comme Adam Smith, M. de Montyon pense
que tous les citoyens d'un État doivent contribuer à l'impôt dans la proportion la plus
juste possible avec leurs facultés respectives.
Mais tandis que l'économiste anglais, pour définir et résumer sa pensée, assimile le gouvernement à une vaste entreprise commerciale et
déclare que les dépenses gouvernementales
sont aux individus d'une nation ce que les frais
d'administration d'un grand établissement sont
aux actionnaires de cet établissement, chacun
de ces derniers étant tenu de supporter une
part de frais proportionnelle à l'importance des

intérêts qu'il a dans l'entreprise, le philanthrope français donne à ses opinions une tournure plus philosophique et plus humanitaire.

« L'impôt, dit-il, est une institution louable : c'est un sacrifice qui tourne à l'avantage de celui de qui il est exigé ; bien ou mal dirigé, il électrise ou paralyse l'espèce humaine; il crée des vertus ou des vices.

« Les impôts peuvent subir une classification toute naturelle ; dans la première se trouvent ceux qui sont justes et moraux : les uns sont destinés à donner des secours à la misère ; les autres répriment les jouissances vicieuses et corruptrices ; les premiers ont un caractère religieux, les seconds un caractère moral ; ceux-ci portent sur les abus de la richesse, ils sont philosophiques : ceux-là pèsent sur l'opulence pour alléger la médiocrité, ils sont équitables ; enfin ceux qui donnent à la consommation ou au travail indigène une préférence sur l'étranger sont une prérogative nationale et peuvent être considérés comme des bienfaits de l'état social.

« Dans la seconde classe sont les impôts injustes, qui portent sur les besoins et non sur les jouissances, qui exigent de la pauvreté ce qu'on

ne devrait demander qu'à la richesse : ceux qui
forcent les contribuables à recourir à l'usure et
grèvent les objets nécessaires à la vie, de façon
à renchérir toutes les productions du travail ;
ceux enfin qui forcent les hommes à « contribuer à des jouissances qu'ils ne partagent pas. »

En un mot, pour Adam Smith l'impôt est un
fonds de roulement à l'aide duquel on fait fonc-
tionner la grande machine gouvernementale.
Pour M. de Montyon c'est une sorte d'engin qui,
suivant l'emploi que l'on en fait, sert à corrompre ou à améliorer l'humanité.

En 1808, l'*Éloge de Corneille*, proposé par
l'Institut de France, inspira à M. de Montyon
quelques pages éloquentes ; mais ce mémoire
avait été déposé par le comte Staremberg à son
départ d'Angleterre ; c'était trop indiquer qu'il
provenait de la plume d'un émigré ; aussi fut-il
écarté du concours [1].

L'*Exposé statistique du Tunkin*, que fit paraître M. de Montyon dans le courant de l'année
1811, peut presque servir de modèle à ceux
qui s'occupent de recherches relatives à l'économie civile des États.

---

1. *Vie de M. de Montyon*, par Alissan de Chazet. Paris,
1829.

On le voit, M. de Montyon employait noblement les longues heures de l'exil. Peut-être
n'aurait-il tenu qu'à lui de les abréger; mais il
fut un de ces hommes, bien rares, que la gloire
du Premier Consul n'avait pas séduits. Dans le
général Bonaparte il avait deviné l'empereur
Napoléon. Il reprochait à Bonaparte d'organiser
l'ordre de la même manière que les Jacobins
avaient organisé l'anarchie, et c'est précisément
ce qu'il ne voulait pas. Il n'entendait pas rompre la tradition; il désirait au contraire la faire
revivre. Il pensait que Louis XVIII seul pouvait
unir le passé à l'avenir et être ce roi citoyen
qu'il avait rêvé, en se servant lui-même, avant
tous autres, de cette dénomination, dont on a
abusé depuis.

Le dernier ouvrage de M. de Montyon, imprimé en 1812, a pour titre : *Particularités et
observations sur les ministres des finances les plus
célèbres depuis 1660*. M. Feugère [1] estime que
« ce livre, où l'éloge et la censure sont distribués avec une loyale équité, est le plus beau
titre de M. de Montyon à la gloire littéraire. »
C'est à coup sûr une œuvre fort intéressante,

____

1. Institut de France : *Éloge de M. de Montyon,* par Léon
Feugère.

d'une lecture facile et qui ouvre des aperçus
curieux sur la vieille société française, dont
M. de Montyon est resté jusqu'à la mort le représentant fidèle.

M. de Montyon a connu presque tous ceux
dont il parle ; aussi déclare-t-il qu'il a attendu
pour soumettre les ministres au jugement de
l'opinion publique qu'aucun d'eux n'existât
plus, « parce que, fait-il justement remarquer,
dans une dissection scientifique et morale ainsi
que dans une dissection physique, il répugne
à la sensibilité d'opérer sur un être vivant. »

M. de Montyon s'acquitte, en toute loyauté,
de la tâche qu'il s'est tracée. Il est plus enclin à
la critique qu'à l'éloge ; mais cette disposition
naturelle de son esprit donne à l'œuvre entière
un je ne sais quoi de piquant qui n'est pas
sans charme.

Comme il décrit bien la révolution produite
par le système de Law [1].

« Paris fut transformé en une arène d'agio-
tage autorisée, protégée, favorisée ; on se livra
avec une licence effrénée au jeu des actions.
La variation de leur prix, continuelle, subite,

1. *Particularités et observations sur les contrôleurs des
finances de 1660 à 1791. Paris, 1812.*

prodigieuse, créa, détruisit une multitude de fortunes; le pauvre de la veille était le riche du jour, redevenant pauvre le lendemain, s'enrichissant de nouveau les jours suivants, et souvent l'indigence était portée à une énorme opulence. Non seulement ces événements causèrent dans Paris la plus forte commotion, mais le bruit en retentit dans le royaume, avec l'exagération qui accompagne toujours ces sortes de nouvelles, et rendit fabuleux ce qui en réalité était déjà si surprenant et presque incroyable; les têtes furent tellement agitées que des hommes du peuple n'ayant aucune propriété, et hors d'état d'apprécier ni même d'entendre le système, accoururent des provinces les plus éloignées dans la capitale, persuadés qu'il suffisait d'y être pour s'enrichir.

« Le passage rapide d'une situation à une autre, l'opulence subite enivrent comme les liqueurs fortes ; les nouveaux riches se livrèrent à une profusion qui d'abord par sa nouveauté, son inconvenance et son excès, fut flétrie de ridicule, et peu après cessa de surprendre et parut justifiée par l'usage. D'après ces exemples, le luxe pénétra même dans les classes inférieures de la société. »

Puis il nous montre Law tour à tour admiré, aimé, méprisé, haï, et cela dans l'espace de deux ans.

Un parallèle vraiment digne de fixer notre attention est celui qu'il établit entre les ministres des finances de Louis XIV et ceux de Louis XV et de Louis XVI :

« Les ministres des finances de Louis XIV, différents de ceux de Louis XV et de Louis XVI par leurs bonnes et par leurs mauvaises qualités, et leurs caractères, offrent un contraste frappant. Sous Louis XIV, ils ont montré l'avidité des richesses et ont acquis des fortunes énormes. M. Colbert, né sans biens, est devenu propriétaire de grandes terres, a bâti de superbes châteaux ; et à sa mort, sa fortune a été évaluée à dix millions, monnaie de ce temps. La faute que M. Desmarets avait commise avant d'arriver au ministère ne permet pas de le disculper d'un amour désordonné de l'argent.

« Sous les règnes subséquents, les mêmes sentiments ne se manifestent plus, et l'énormité des fortunes ministérielles disparaît. La fortune de Law a été, comme son système, prodigieuse et rapide dans son élévation et sa chute ; mais son ministère, voisin du règne de Louis XIV, peut être, à cet égard, considéré comme portant encore l'empreinte de ce règne. Depuis Law jusqu'en 1791, aucun ministre des finances n'a acquis des richesses disproportionnées au produit des appointements et des émoluments de sa place. L'abbé Terray et M. de Calonne, les deux ministres des finances dont la probité a été la plus suspectée, n'ont point laissé de fortunes exorbitantes. La modération de la dépense de l'abbé Terray et le grand ordre qui régnait dans sa maison ont dû lui laisser chaque année un excédant de revenu considérable à joindre à une grande fortune patrimoniale. Une situation et un régime domestique absolument contraires dans M. de Calonne ont pu absorber les produits légitimes de sa place, et au delà, mais la preuve qu'il n'a pas, dans le ministère, acquis de grandes richesses, est que, depuis qu'il n'a plus été en place, il a vécu sur la fortune de sa femme qu'il a ruinée, comme il avait ruiné l'État. M. Necker est le seul ministre des finances qui depuis le règne de Louis XIV ait laissé une grande fortune ; mais il ne l'a due qu'à la banque et au commerce ; et il a renoncé aux appointements et aux émoluments de sa place : procédé généreux, dont avant lui aucun des ministres des finances n'avait donné l'exemple. »

Du curieux passage que l'on vient de lire, il ne faudrait certainement pas tirer cette conclusion que sous l'ancien régime l'honnêteté des ministres des finances était en raison inverse de leur habileté ; mais enfin il prouve que les mœurs publiques étaient déjà en progrès. C'est l'honneur de notre époque d'avoir activé ce progrès : les gens en place ne peuvent être taxés d'improbité, et ce qui était la règle sous Louis XIV n'est plus de mise aujourd'hui.

Dans sa profonde expérience des hommes et des choses, M. de Montyon fait une remarque qui mérite d'être consignée ici : c'est que « l'exercice des fonctions ministérielles est un moyen de perfectionnement si effectif et si puissant que tous les ministres ont été, à la fin de leur carrière, supérieurs à ce qu'ils étaient dans le commencement :

« Plusieurs y ont paru si différents d'eux-mêmes qu'on pourrait être tenté de croire que ce ne sont pas les mêmes hommes. Les derniers règlements des droits sur les consommations par M. Colbert sont bien mieux conçus, bien mieux rédigés que les premiers ; et le plan du cadastre du Querci en 1666 est bien inférieur à l'ordonnance projetée en 1683, pour opérer la refonte générale de la taille réelle. M. de Machaut n'a établi de justes bases d'un impôt territorial et de crédit que dans les derniers temps de son ministère. L'abbé Terray, lorsqu'il a été renvoyé en 1774, entendait bien mieux l'administration qu'en 1769. M. Necker n'eût pas été en état de rendre, au commencement de son second ministère, les grands services par lesquels il a préservé alors la France de la famine et de la banqueroute, s'il n'avait fait un apprentissage dans son premier ministère.

« D'après ces faits, il est évident que la brièveté des ministères dans les derniers temps de la monarchie a grandement contribué aux fautes qu'ont faites les ministres ; et on devrait former un vœu pour que, dans tous les temps et dans tous les États, tout ministre des finances soit maintenu dans sa place, à moins que son renvoi ne soit prescrit par une incapacité incurable ou par une obstination irrévocable dans un système erroné, non par quelque faute, ou quelque erreur, ou quelque tort ; et même dans un homme à grand talent, un acte d'improbité si ce n'est qu'une faiblesse expiée par le repentir et non la marque d'un caractère fonciè-

rement corrompu, n'est pas un motif qui auto-
rise ce changement. Quelle perte eût faite la
France, si M. Colbert eût été expulsé du ministère, lorsqu'il défendit aux gens de finances de
faire des avances au gouvernement ; ou si
M. Desmartes, quoique convaincu de prévarica-
tion, n'eût pas été rappelé à l'administration ! »

Il conviendrait d'arrêter ici ces citations, trop
longues peut-être ; mais il importe de constater
que M. de Montyon, en mettant à découvert les
fautes des ministres français n'a pas entendu les
placer dans une situation d'infériorité par rapport aux ministres des nations étrangères pendant la même période. « Si, dit-il, les ministres
étrangers étaient soumis à la même inspection
que nous venons de faire subir aux ministres
de France, s'ils étaient jugés d'après un examen rigoureux de leur capacité, de leurs connaissances, de l'application qu'ils ont donnée
à leurs fonctions, du désintéressement qu'ils y
ont porté, la plupart d'entre eux seraient les
objets d'une censure plus sévère. » Et il con-
clut en disant : « Quelques défectuosités que
nous ayons observées dans l'administration
des finances de France; quelques erreurs, quelques torts qu'on puisse reprocher à quelques

ministres de ce département, ce serait une
grande injustice de croire que cette partie du
gouvernement ait été plus mal régie en France
que dans d'autres États, et que la classe ministérielle y ait été inférieure à ce qu'elle a été
ailleurs. »

Tout homme de bon sens ratifiera volontiers
ces conclusions de M. de Montyon ; elles sont
équitables et justes.

M. de Montyon admet dans la vie politique
l'excuse tirée des mœurs de l'époque ; il a
raison. Les qualités des grands ministres leur
sont propres ; leurs vices proviennent souvent
de l'époque où ils ont vécu.

CHAPITRE VII

LE PHILANTHROPE

Générosité de sentiments qui anime la seconde partie du
xviiie siècle. — Fondation des prix de vertu. — Satisfaction universelle que cause cette création. — Mémoire adressé par M. de Montyon à l'Académie. —
M. de Montyon émigre en Suisse, puis en Angleterre.
— Divisions qui éclatent entre les émigrés. — M. de
Montyon secourt indistinctement tous les Français. —
Anecdote relative au temps de l'émigration. — Il
rentre en France et remet en vigueur ses fondations.
— Caractère particulier de sa bienfaisance. — Son
testament. — Ses fondations tiennent les unes aux
autres et ne forment toutes qu'une institution immense en faveur des pauvres.

L'aspect le plus connu de M. de Montyon, le
plus beau titre qui le recommande au souvenir
de la postérité, c'est celui de bienfaiteur de
l'humanité. Le publiciste distingué, l'administrateur habile, l'homme d'État consommé, le
causeur charmant, tout a disparu devant le philanthrope.

De la personnalité multiple, variée, ondoyante de M. de Montyon, on a fait une sorte de personnification de la philanthropie. A Dieu ne plaise que nous contredisions à ce jugement, qui semble être définitif!

Nous avons ailleurs envisagé avec un soin particulier et à l'aide de documents inédits l'homme plutôt que le philanthrope, et nous ne pensons pas que, pour l'avoir mieux fait connaître, nous l'ayons moins fait estimer.

Nous allons ici rentrer dans les chemins connus de tous.

Un de ses panégyristes [1] lui a appliqué le mot de Montaigne sur son ami La Boétie : « C'était une âme à la vieille marque. » Le mot est exact, et, si les idées de bienfaisance de M. de Montyon doivent être comme la vérité, dont elles sont l'expression, de tous les siècles, on verra qu'elles portent la vieille empreinte du XVIIIe siècle.

M. de Montyon avait environ vingt-cinq ans lorsque parmi les classes riches éclata en faveur du peuple, si misérable et si souffrant, un grand sentiment de pitié.

Les rassasiés, les repus, les oisifs commen-

1. *Vie de M. de Montyon*, par Alissan de Chazet. Paris, 1829.

cèrent à regarder à côté d'eux, et ils virent que le luxe effréné de la cour n'avait d'égal que la misère du peuple.

Une immense compassion s'empara alors des cœurs honnêtes, et, comme le dit Lacretelle [1], « la pitié la plus active remplissait les âmes. Ce que craignaient le plus les hommes opulents, c'était de passer pour insensibles. »

C'est l'époque de Parmentier, qui, par la vulgarisation de la pomme de terre, donne un nouvel aliment au peuple ; de l'abbé de L'Épée, qui rend presque l'ouïe et la parole aux sourds-muets ; de Turgot, dont l'administration honnête s'occupe avant tout des déshérités de ce monde. Les financiers bâtissent des hôpitaux ; les grands seigneurs se font cultivateurs et fondent des prix pour les laboureurs. Nobles et bourgeois sont pris d'un accès subit de sensibilité, et le grand mot d'humanité est à l'ordre du jour.

C'est dans ce milieu et parmi des gens pratiquant ces idées généreuses que grandit et vécut M. de Montyon. Les fondations dont nous allons parler sont donc empreintes des idées

1. Lacretelle, *Histoire de France au XVIIIe siècle*

du xviiie siècle ; elles en portent la marque, mais elles sont, quant à leur but et quant à leur résultat, de tous les siècles.

On raconte que le vieux duc de Nivernais, qui était de l'Académie, mais n'approuvait pas les fondations de M. de Montyon, lui dit un jour : « Monsieur, je vous conseille de nous faire examiner à l'Académie quel a été le sentiment le plus délicat et la meilleure pensée de la demoiselle Clemery, qui vole des enfants pour leur apprendre à danser sur la corde ; si vous l'oubliez dans vos distributions, on aura lieu de s'étonner, car elle appartient aux derniers rangs de la société. »

Ces paroles mordantes du grand seigneur sont comme un résumé des critiques adressées à M. de Montyon. Sans doute, comme le proclame Sénèque, « *nullum justæ actionis majus est præmium quam justum esse.* » Mais, si la satisfaction de la conscience est une récompense suffisante pour quelques-uns, il est certain qu'il n'en est point ainsi pour tous.

« On s'est demandé, dit Cuvier, si l'institution des prix de vertu est bien conforme à la nature des sentiments qu'elle a pour but de propager. » A cette objection, Cuvier répond dans un magni-

fique langage [1] : « M. de Montyon avait trop de
pénétration dans l'esprit pour qu'une réflexion
si naturelle ait pu lui échapper; il savait, aussi
bien que personne, que la véritable vertu ne
peut trouver qu'en elle-même une récompense
digne d'elle. D'ailleurs, tout nous porte à croire
que, toujours délicat dans sa philanthropie,
M. de Montyon avait autant en vue les classes
élevées que les êtres pauvres. Pourquoi l'idée
ne lui serait-elle pas venue de faire pratiquer le
culte de la vertu pour inspirer la vertu? La
divinité, qui n'a aucun besoin de nos hommages, nous commande cependant de l'honorer, parce que nous ne pouvons nous appro-
cher d'elle par la pensée sans devenir plus
purs. N'en serait-il pas de même de la vertu,
de cette céleste empreinte de la divinité, et
pourrions-nous célébrer si solennellement des
actions vertueuses sans nous sentir plus vertueux nous-mêmes? Semblable à ce philosophe
qui marchait pour prouver le mouvement,
M. de Montyon a voulu montrer tout ce qu'il
y a parmi les hommes de vertus désintéres-
sées. Il a fait la preuve qu'il voulait faire.

1. Institut de France, Académie française, recueil
1820-1829.

Nous reconnaissons que M. de Montyon, en instituant des prix en faveur de ceux qui auraient fait l'action la plus vertueuse, publié le meilleur livre de morale ou découvert le procédé le plus utile à l'humanité, a bien mérité de la patrie. »

On a dit encore que « la bienfaisance était pour beaucoup moins dans les calculs de M. de Montyon que l'envie de se faire élire à l'Académie française, où ses ennuyeuses brochures n'avaient jamais pu le faire parvenir. »

Rien, dans l'enquête que j'ai dressée avec un soin minutieux, ne justifie une pareille allégation. Le nom de M. de Montyon est désormais au-dessus de toute atteinte; il est devenu dans la langue française comme le synonyme de la bienfaisance.

La première fondation de M. de Montyon remonte à l'année 1780 : il établit alors un prix annuel pour des expériences utiles aux arts, sous la direction de l'Académie des sciences, et il y consacra une rente perpétuelle sur le clergé au capital de 12 000 livres [1].

Mais c'est en l'année 1782 qu'il adressa aux membres de l'Académie, sous le voile de l'ano-

---

1. *Les bienfaiteurs des pauvres*, par Édouard Kœnpflin. Paris, 1862.

nyme, ce fameux mémoire dans lequel il annonçait la fondation des prix de vertu. « Cette création, dit M. de Salvandy [1], causa une satisfaction universelle. On crut à une innovation immense. On prophétisa hautement la prochaine abolition des lois répressives. On vit le terrible besoin de punir remplacé bientôt par le soin facile de récompenser. Le grand nom qui mettait sa gloire à marcher à la tête des idées nouvelles, le bienfaisant duc de Penthièvre, la jeune et noble duchesse de Chartres, l'auguste reine Marie-Antoinette, cette reine de tous les enchantements, de tous les héroïsmes et de tous les martyres, témoignèrent avec éclat leur admiration. On admettait généralement que le règne d'Astrée allait commencer. Et, à cette époque, tout le monde, sans en excepter les têtes couronnées, regardait l'avénement d'Astrée comme une très belle perspective pour le genre humain.

« Le généreux M. de Montyon avait rendu sa création plus populaire par l'attribution à l'Académie du jugement d'un concours si nouveau à tous les titres. Magistrat, l'esprit qui

1. Institut de France, Académie française, discours de M. de Salvandy, 24 août 1834.

régnait alors ne lui permettait pas d'imaginer
qu'il y eût aucune magistrature au-dessus de
celle de la pensée. Les lettres étaient les grandes
puissances du siècle. Les gens de lettres, sous
le nom de philosophes, voyaient les trônes
s'abaisser devant eux. Ils avaient eu des rois,
et les plus grands de tous, pour courtisans. Ils
constituaient l'aristocratie de l'esprit, sous laquelle on se faisait gloire de courber toutes les
autres, surtout quand on était des autres :
car on se croyait assuré de garder sa place
dans la noblesse du sang ou des charges, et de
la marquer d'autant mieux dans celle de l'esprit. L'abdication couvrait un cumul. D'ailleurs
ce que les flatteurs des lettres, et c'était tout
le monde, célébraient surtout en elles, c'était
bien moins le talent ou même le génie que
l'amour de la vertu. On n'abordait pas l'Académie sans l'appeler une assemblée de sages.
On ne réfléchissait pas que quarante, c'était
beaucoup. L'antiquité n'en compta que sept,
en y mettant des siècles ; encore quelques-uns
eussent-ils été embarrassés, s'il leur avait fallu
décerner le prix de vertu. On a cherché les motifs du choix qui était fait de l'Académie ; les
voilà. C'était acte de justice autant que de défé-

rence envers la grande autorité du temps. »

Le texte même du rapport[1] adressé à l'Académie par M. de Montyon mérite d'être reproduit. Si rien dans ce rapport ne justifie les critiques du vieux duc de Nivernais, rien n'explique non plus l'enthousiasme étonnant qu'il souleva lors de son apparition et qui faisait regretter au roi Louis XVI de n'en être pas l'auteur :

« Messieurs,

« Tous les genres de talents obtiennent des récompenses, la vertu seule n'en a pas. Si les mœurs étaient plus pures et les âmes plus élevées, la satisfaction intérieure d'avoir fait le bien serait un salaire suffisant du sacrifice qu'exige la vertu ; mais, pour la plupart des hommes, il faut un autre prix : il faut qu'une action louable soit louée. Ces éloges ont été le premier objet des lettres, et c'est en effet la fonction la plus honorable que puisse avoir le génie.

« L'Académie française s'est rapprochée de cette institution antique, lorsqu'elle a proposé à l'éloquence le panégyrique des Sully, des

---

1. *Mémoires secrets de Bachaumont.* tome **XX**, le 28 avril 1782.

d'Aguesseau, des Fénelon, des Catinat, des Montausier et d'autres grands personnages ; mais il n'est dans une nation qu'un petit nombre d'hommes dont les actions aient un caractère de célébrité ; et le sort du peuple est que ses vertus soient ignorées. Tirer ses vertus de l'obscurité, c'est les récompenser et jeter dans le public la semence des mœurs.

« Pénétré de cette vérité, un citoyen prie l'Académie française d'agréer la fondation d'un prix dont voici l'objet et les conditions :

« 1° L'Académie française fera tous les ans, dans une de ses assemblées publiques, lecture d'un discours qui contiendra l'éloge d'un acte de vertu.

« 2° L'auteur de l'action célébrée, homme ou femme, ne pourra être d'un état au-dessus de la bourgeoisie, et il est à désirer qu'il soit choisi dans les derniers rangs de la société.

« 3° Le fait qui donnera matière à l'éloge se sera passé dans l'étendue de la ville ou de la banlieue de Paris et dans l'espace des deux années qui précéderont la distribution du prix. A l'éloge seront jointes des attestations du fait, propres à constater la vérité. On choisit Paris, parce que l'Académie, y étant établie, a plus de

facilité pour y vérifier les faits ; d'ailleurs nulle
part les mœurs du peuple n'ont plus besoin de
réforme que dans les capitales.

« 4° Le discours sera en prose et ne sera pas
de plus d'un demi-quart d'heure de lecture ; un
temps plus long ne serait employé qu'à des dissertations étrangères à l'objet de l'institution.

« La fondation sera de douze mille livres ; et
l'intérêt de cette somme sera employé à payer
deux médailles, dont une pour l'auteur du discours, l'autre pour l'auteur de l'action célébrée.

« 6° Cette somme de douze mille livres sera
placée en rente viagère sur la tête du roi et sur
celle de Monseigneur le Dauphin ; et le discours
lu dans la séance publique sera présenté à ce
jeune prince. Ainsi ses premiers regards seront
portés sur une classe d'hommes éloignés du
trône ; et il apprendra de bonne heure que
parmi eux il existe des vertus. »

L'Académie française accueillit avec une extrême faveur la proposition de M. de Montyon ;
mais elle crut devoir en modifier quelque peu
la forme. On lit à ce sujet dans les Mémoires de
Bachaumont [1] :

---

1. *Mémoires secrets de Bachaumont*, t. XX, le 29 avril 1782.

« Les changements aux conditions du prix faits par l'Académie et agréés du donateur sont les suivants :

« 1° Le discours ou récit sera fait par le directeur de la compagnie.

« 2° L'Académie ne pourrait accepter la donation proposée, si elle renfermait la moindre disposition qui pût intéresser personnellement quelqu'un de ses membres. En conséquence, ce revenu annuel sera employé entièrement à payer une seule médaille, qui sera donnée pour le prix de l'acte de vertu.

« Le donateur ayant adopté ces changements, la compagnie d'une voix unanime, et de l'avis du roi, son auguste protecteur, a accepté la donation.

« Ce prix sera décerné pour la première fois dans l'assemblée publique du 25 août 1783.

« Elle ne portera de jugement que sur les actes de vertu dont le détail lui aura été remis par écrit et sera muni d'attestations suffisantes.

« La date de chaque fait dont on enverra le détail ne pourra remonter au delà de deux ans avant l'époque fixée pour la réception des pièces justificatives.

« L'Académie choisira parmi ces faits celui qu'elle croira le plus digne du prix, se réservant,

de l'aveu du donateur, la liberté de le partager
si elle juge convenable. »

Voici l'énumération résumée des différentes
fondations de M. de Montyon jusqu'à la période
révolutionnaire :

En 1782, un prix annuel en faveur de l'ouvrage de littérature dont il pourrait résulter un
plus grand bien pour la société, au jugement de
l'Académie française : rente sur la tête du roi
au capital de 12 000 francs, ci........... 12 000

Même année (1782), un prix en faveur d'un
mémoire ou d'une expérience qui rendrait les
opérations mécaniques moins malsaines pour
les artistes et pour les ouvriers [1], au jugement
de l'Académie des sciences : une rente viagère
sur la tête du roi et celle de Monseigneur le
Dauphin, au capital de 12 000 francs, ci. 12 000

En 1783, aux pauvres du Poitou et du
Berry, 1200 francs, ci...................... 1200

Même année (1783), six cents francs de rente
viagère à un homme de lettres que le donateur
ne connaissait pas, et qui n'a pas su de qui il
recevait : 8 000 francs, ci.................. 8 000

---

1. Louis XVI fit écrire à l'Académie des sciences, par
M. Amelot, secrétaire d'État, qu'il voyait avec la plus grande
satisfaction cet acte de bienfaisance, et qu'il avait regret de
n'en avoir pas eu lui-même l'idée.

Même année (1783), un prix en faveur d'un
mémoire soutenu d'expériences tendant à sim-
plifier les procédés de quelque art mécanique,
au jugement de l'Académie des sciences : une
rente viagère sur la tête du roi et celle de Monseigneur le Dauphin, au capital de 12 000 francs,
ci... 12 000

Un prix pour un acte de vertu d'un Français
pauvre : rente sur le clergé au capital de
12 000 francs, ci...........................   12 000

En 1787, un prix annuel sur une question
de médecine, au jugement de l'Ecole de médecine : une rente perpétuelle sur le clergé au
capital de 12 000 francs, ci..............   12 000

Ici s'arrête la liste des fondations de M. de
Montyon qui ont précédé la Révolution. Mais,
hâtons-nous de le dire, cette charité, qui, suivant
quelques-uns, avait un but personnel et inté-
ressé, « celui, a-t-on dit, de pousser les battants
de la porte de l'Académie à l'aide de lingots
philanthropiques, » ne fut même pas suspendue
par la tourmente révolutionnaire.

C'est en 1792 seulement que M. de Montyon
émigra ou pour mieux dire se réfugia en Suisse.
Il ne faut pas le confondre avec ceux qui sor-
tirent de la France dès la première heure,

avec l'espérance d'y rentrer en vainqueurs les armes à la main. Sans être précisément un constitutionnel, M. de Montyon n'acceptait pas les opinions qui prévalurent parmi les émigrés. Leur politique à outrance, leurs forfanteries continuelles, leurs calculs superficiels, leur attitude vis-à-vis de ceux qui ne partageaient pas leurs étranges illusions, lui déplaisaient fort. Il avait haussé les épaules quand il avait entendu l'abbé de Calonne dire que 1500 gentilshommes suffisaient pour faire la contre-révolution.

Si les revers des Autrichiens ne le surprirent pas, il n'en fut pas moins obligé de quitter la Suisse pour se retirer en Angleterre. Là il continua à être ce qu'il avait toujours été : bienfaisant et bon.

Doué d'une rare perspicacité politique, M. de Montyon avait en quelque sorte prévu l'approche de la tempête et avait su à temps, et par d'ingénieuses combinaisons financières, non seulement mettre à l'abri sa fortune, mais encore l'accroître singulièrement. Il en fit, pendant les longues années de l'exil, un admirable usage.

Un de ses détracteurs raconte qu'il « avait tendu toutes les fibres de son amour-propre et

les muscles de ses affections sur l'Académie
française, et qu'après la journée du 10 août il
allait partout disant : « Mon Dieu! mon Dieu!
croyez-vous que l'Académie française aurait
quelque chose à risquer [1]? » L'attitude entière
de M. de Montyon proteste contre cette imputa-
tion, qui ne vise à rien moins qu'à déverser le
ridicule sur lui.

Les vaines et puériles préoccupations personnelles n'ont jamais eu d'empire sur M. de Montyon. Son cœur était large et généreux. Réfugié
à Londres et possesseur d'une grosse fortune, il
vint en aide, avec une libéralité qui ne se las-
sait jamais, à ses compatriotes émigrés.

Curieux spectacle que celui offert alors par
cette grande nation anglaise, qui, après avoir
applaudi au généreux élan de 1789, avait subi-
tement réfléchi en voyant nos tristes excès et
s'était prise d'une immense compassion pour
les victimes de nos discordes. La générosité de
l'aristocratie et du peuple anglais fut immense[2].
Elle revêtait quelquefois des formes touchantes :
témoin ces femmes du peuple qui offraient pour

1. *Mémoires* de Mme de Créquy.
2. *Montlosier et les constitutionnels*, par M. Bardoux. Paris,
1879.

rien leurs légumes à de malheureux prêtres émigrés, et ces « généreuses pauvresses » de Londres qui leur remettaient quelques « pennies » ramassés à grand'peine et se dérobaient à leurs remercîments. Que dire de ce bel exemple de tolérance donné par l'Université protestante d'Oxford, qui fit imprimer à ses frais 4000 exemplaires de la version catholique du Nouveau Testament pour l'offrir à nos prêtres. Les réfugiés français n'étaient malheureusement pas aussi tolérants les uns pour les autres. Ils étaient profondément divisés entre eux. Les royalistes purs, c'est-à-dire les émigrés de la première heure, étaient implacables pour ceux qui n'avaient émigré que plus tard, pour « les monarchiens ». C'est à peine si de grands seigneurs royalistes, mais un peu entachés de libéralisme, comme le prince de Poix, trouvaient grâce devant ces enragés. Ils dépistaient avec acharnement les constitutionnels. Montlosier, Malouet, Lally furent en butte à leur ressentiment et ils requéraient avec arrogance leur expulsion.

La distribution des fonds votés par le Parlement en faveur des émigrés était faite par trois royalistes ultras : M. de Nanthia, M. du Theil et l'évêque de Saint-Pol. Ils ne craignirent pas de prendre sur ces fonds des sommes pour faire attaquer par la voix de la presse ou autrement les « monarchiens » [1].

Combien fut différente l'attitude de M. de Montyon et comme ce grand honnête homme se montra supérieur à ceux qui l'entouraient !

Il fréquentait peu les beaux quartiers de l'ouest, où s'étaient installées les familles émigrées restées riches, mais ne cessait de parcourir les quartiers de l'est, où s'était réfugiée l'émigration pauvre. A personne il ne demandait compte de ses opinions. Sans doute il se plaisait plus dans la société d'hommes sensés et raisonnables, comme MM. de Croix, Christian de Lamoignon et de Poix, que dans celle de l'abbé de Calonne ou de M. de Nanthia ; mais il tâcha de vivre avec tous. Il avait connu Mallet du Pan en Suisse et s'étonnait du déchaînement soulevé contre Malouet, Lally, Montlosier et Molleville, qu'il regardait comme de fort honnêtes gens. Il n'eut jamais de haines contre les hommes, et il aimait à répéter que « dans les républicains il voyait avant tout des concitoyens ».

1. *M. de Montlosier et les constitutionnels*, par M. Bardoux, député.

Aussi avec quelle générosité il secourait les soldats français prisonniers en Angleterre. Lorsqu'il s'agissait de faire le bien, peu lui importait
la couleur du drapeau. Il s'enquérait des besoins
et non des opinions. Quant à lui, il restait le
royaliste modéré que chacun sait. Il désirait
pour la France une constitution fixe, formelle
et libérale, mais il était en même temps rempli
d'indignation contre ceux qui avaient renversé
l'ordre social. Il me semble que, s'il avait fait
partie d'une assemblée, il se serait assis entre
M. Malouet et M. de Clermont-Tonnerre.

Son dévouement envers la maison de Bourbon était d'ailleurs absolu, et il en donna une
preuve éclatante.

On était en 1801, et la duchesse d'Angoulême,
obligée de quitter précipitamment Mittau, avait
vendu une partie de ses diamants. M. de Montyon, craignant que la princesse ne fût dans
une situation pécuniaire difficile, s'empressa de
mettre sa fortune à sa disposition. La princesse
n'accepta pas un pareil sacrifice; mais il reçut
de la duchesse de Sérant la lettre suivante :

« Varsovie, 20 octobre 1801.

« Madame la duchesse d'Angoulême me charge,
Monsieur, de vous mander qu'elle est très
sensible à la lettre que vous avez adressée à
M. d'Avaray, et à l'hommage qu'elle contient ;
lorsqu'au départ de Mittau Son Altesse Royale
fit le sacrifice d'objets précieux, ce ne fut pas
pour sa personne, mais pour celle du roi, son
oncle, et le soulagement de ses fidèles serviteurs qu'un changement de position plongeait
dans la misère. Vous la reconnaîtrez facilement
à ce trait. Son Altesse Royale me charge de vous
dire que, si elle n'accepte pas la preuve de dévouement que vous lui donnez, elle ne vous en
sait pas moins gré.

« Je profite de cette circonstance pour vous
assurer des sentiments avec lesquels j'ai l'honneur d'être, etc.

« MONTMORENCY, DUCHESSE DE SÉRANT. »

Et l'homme capable d'une si grande générosité et auquel on écrivait une telle lettre aurait
été « vilainement avare », comme on a voulu
l'insinuer. Ce document est une réponse pé-
remptoire. Sans doute M. de Montyon n'aimait

pas le luxe. Ses habits étaient fort simples et sa table médiocre; mais il se plaisait à donner et donna plus aux pauvres qu'aucun particulier n'avait donné avant lui.

M. de Montyon ne rentra en France qu'au retour des Bourbons, et tout aussitôt il reprit avec confiance l'ouvrage de sa jeunesse. Il le développa et l'agrandit. Tout ce qu'il avait pensé, tout ce qu'il avait voulu avant l'émigration et la Terreur, il le pensait, il le voulait encore. Sous la rude épreuve des événements, il n'avait jeté à la mer aucune de ses espérances, aucune de ses convictions.

« Je l'ai connu dans ma jeunesse, raconte M. de Salvandy [1]. C'était quelque chose d'imposant et de touchant que cette fidélité d'une existence si éprouvée, à toutes les idées d'humanité, de justice, de civilisation, de liberté, de vertu qui avaient charmé sa jeunesse, entendues dans leur vrai sens. Jusque dans ses vêtements surannés et sévères qu'il faisait respecter, le noble vieillard était resté semblable à lui-même sur les deux rivages opposés du courant terrible. »

1. Institut de France. Académie française. Discours de M. de Salvandy. 24 août 1854.

Ses fondations avaient été abandonnées pendant la période révolutionnaire et durant l'Empire. Son premier acte, en touchant le sol de la patrie, fut de faire savoir au ministre de l'intérieur que, grâce à un dépôt, ses fondations pouvaient être remises en vigueur; et il faisait immédiatement parvenir les sommes nécessaires.

Dans la séance du 24 août 1819, le comte Daru annonçait à l'Académie le rétablissement des prix de vertu décernés dix fois de 1780 à 1790.

Les dernières années de sa vie furent signalées par des dons considérables aux différents arrondissements de Paris : 65 000 francs furent répartis par ses soins entre les douze bureaux de charité. Un de ses panégyristes a pu dire avec raison que « ses actes de charité attestent une ingénieuse bonté et qu'au retour de l'exil il semblait avoir encore accompli du progrès dans l'art de faire le bien [1] ». Chez lui, tout était raisonné; sa générosité avait cela d'admirable, qu'elle n'était pas, ainsi que chez beaucoup d'autres, l'effet subit de l'entraînement, mais le fruit d'une réflexion lente et sage; il avait

1. *Vie de M. de Montyon*, par Alissan de Chazet. Paris. 1829.

fait, on peut le dire, de la bienfaisance un art, et de la charité une science.

Pensant avec raison qu'il fallait être descendu au dernier degré de l'infortune pour emprunter de l'argent sur des nantissements qui n'avaient aucun prix, il consacra, pendant les derniers temps de sa vie, quinze mille francs par an à retirer du Mont-de-Piété les effets au-dessous de la valeur de cinq francs, appartenant aux mères jugées dignes d'être admises aux secours de la charité maternelle.

Fidèle à son incognito, il s'adressa, dans le plus grand secret, au maire du Ve arrondissement, pour proposer deux primes de cinq mille francs chacune; il offrait la première à la personne qui opérerait un desséchement ou défrichement dont les travaux coûteraient au moins 1500 francs, et la seconde à une association charitable qui prêterait sans aucun intérêt aux artisans et aux laboureurs.

Il avait joint à ces deux sommes un don pour la ville d'Aix, où il avait résidé autrefois comme intendant, et qui accepta cette marque de son souvenir avec respect et reconnaissance.

Pour grandes que soient les libéralités connues de M. de Montyon, ses actes de bienfaisance

anonymes ne le sont pas moins. Il remettait
souvent en mains propres, à des hommes qui
méritaient toute sa confiance, des sommes de
trois, six et dix mille francs pour être distribuées
à des savants, à des gens de lettres tombés
dans l'infortune. Il ne voulait pas même savoir
les noms de ceux qu'il obligeait.

M. Daru parla un jour devant lui de la situation pénible d'un général d'une grande distinction, qu'il ne nomma point, par égard pour sa
famille, et qui de malheurs en malheurs avait
été réduit à la plus profonde misère. Le lendemain, M. de Montyon fit une visite à M. Daru
et lui porta huit mille francs, en le priant de
les remettre à cet officier, dont il ne demanda
pas le nom et auquel il voulut rester inconnu.

A voir une telle générosité s'exercer avec une
telle simplicité, on ne peut s'empêcher de son-
ger à ce précepte de Grégoire le Grand, qui paraît surhumain : « Lorsque nous donnons de
quoi subsister à ceux qui sont dans la nécessité,
nous ne leur donnons pas ce qui est à nous,
mais nous leur rendons ce qui est à eux. Ce
n'est pas tant une œuvre de miséricorde que
nous faisons qu'une dette que nous payons. »

C'est cependant ce que semble avoir fait

M. de Montyon. Ce vieillard, qui avait conservé le costume de l'ancien temps, qui en avait les formes polies et qui semblait être le représentant du dernier siècle, est comme un trait d'union entre l'ancien régime et l'époque nouvelle.

Par sa naissance, il appartenait à la vieille société, il en observait les habitudes, mais il y a chez lui un certain fond d'idées libérales et presque démocratiques. On pourrait dire de lui que c'est un livre du XIXe siècle avec reliure du XVIIIe.

Il est difficile de trouver un plus homme de bien que ne le fut M. de Montyon. Sa générosité, qui était énorme, avait un caractère particulier : elle était empreinte d'une certaine parcimonie. Envisageant son propre patrimoine comme celui des pauvres, il se croyait obligé de n'en disposer qu'après un sérieux examen et croyait devoir tirer de ce patrimoine tout ce qu'il devait honnêtement rapporter. Il était presque rigoureux à l'endroit de ses fermiers et de ses débiteurs, et ne croyait guère pouvoir faire autrement, puisqu'il se regardait moins comme le propriétaire de ses biens que comme l'intendant des pauvres.

Voici une anecdote empruntée au temps de
l'émigration et qui explique d'une façon absolue et complète la physionomie véritable de
M. de Montyon : « Il se trouvait un soir à Londres chez Mme de ***, avec quelques-uns de
ses amis. Cette dame émigrée, fort riche en
France, et fort malheureuse en pays étranger,
raconta qu'elle avait formé le projet d'aller à
Paris pour tâcher d'obtenir du Premier Consul
la restitution de ses bois non vendus ; elle était
si pauvre qu'elle ne pouvait faire le voyage ; on
se cotisa ; il lui manquait encore cinq guinées.
« Qui m'aurait dit, s'écriait-elle avec un profond
soupir, qu'une femme qui avait 300 000 francs
de rente, se trouverait hors d'état de retourner
en France, faute de cinq guinées ? » M. de Montyon, qui ne voulait jamais obliger que sous le
masque, ne dit rien ; mais, le lendemain,
Mme de *** reçoit un bon de cinq livres ster-
ling ; elle part, réussit dans tous ses projets, et
revient à Londres pour terminer quelques affaires ; elle rassemble ses amis, et sans affectation,
sans qu'elle puisse rien soupçonner, M. de
Montyon lui rappelle le prêt des cinq guinées.
« Avez-vous cherché à savoir, lui dit-il, de qui
vous les aviez reçues ? — Je vous dirai franche-

ment que non; elles ne peuvent m'avoir été
envoyées que par un véritable ami, et, en péné-
trant ce mystère, j'aurais craint de l'affliger. —
Oui, sans doute, vous l'auriez affligé, si vous
aviez cherché à le connaître et que vous fussiez
restée pauvre; mais vous avez retrouvé votre
fortune, il faut tâcher de savoir le nom du prê-
teur. — Pourriez-vous m'aider à le découvrir? —
Vous n'iriez pas bien loin. — Serait-ce vous? —
Comme vous le dites, et je vous redemande mes
cinq guinées. » Mme de *** les lui rendit, et
il les donna le lendemain à un pauvre prison-
nier français.

Tout M. de Montyon est là. Sa bienfaisance
est parcimonieuse. Il donne avec l'esprit plus
qu'avec le cœur. Il y a chez lui plus de philanthropie que de charité; mais ces deux mots ne
sont-ils pas presque synonymes? N'expriment-
ils pas, suivant le langage d'époques différentes, le même accomplissement de ce devoir le
plus grand de tous, l'amour du prochain.

Dans le discours [1] consacré par M. Léon Feugère à l'éloge de M. de Montyon et qui rem-
porta le prix d'éloquence, décerné par l'Aca-

1. Institut de France, Éloge de M. de Montyon, discours
de M. Feugère, 9 août 1834.

démie française, l'éminent professeur dit : « De
toutes les belles actions de M. de Montyon,
celle qui les résume et les surpasse toutes, celle
enfin qui couronne dignement une carrière si
pleine aux yeux des hommes et de la divinité,
c'est son testament, qui a imprimé à ses bienfaits le sceau de l'immortalité. Les sentiments
qui l'avaient constamment animé s'y reprodui-
sent avec cette majesté auguste, empreinte dans
les dernières volontés de l'homme de bien mourant. Ici, c'est le vieux serviteur d'une famille
royale proscrite, mauvais courtisan dans la
prospérité, ami dévoué aux jours du malheur,
qui perpétue ses regrets sur un marbre consacré
à Elisabeth de France. Là, c'est le savant éclairé
qui veut encore, comme par le passé, favoriser
la science, et veille à ses découvertes. Dans sa
sollicitude pour l'avenir, il confie à ses largesses le germe des améliorations qu'il ne verra
pas éclore, mais dont nos descendants doivent
jouir. Plus loin, c'est l'homme de lettres, curieux de conserver à sa patrie cette préémi-
nence légitime, conquête de nos pères, et dont
nous ne serons pas déshérités. Fidèle aux principes du grand siècle, qui considérait l'honnêteté des mœurs comme inséparable du vrai

mérite des écrits. Il regarde, comme le plus
noble but qu'ils puissent se proposer et atteindre, le perfectionnement de la moralité publique. En même temps qu'il cherche à la défendre
par la salutaire influence de ses ouvrages, il
continue à étendre sur la vertu pauvre sa pro-
tection libérale et paternelle. Enfin, c'est le
bienfaiteur des malheureux, qui mérite encore
ce titre par delà le tombeau. Grâce à cette pré-
voyance de cœur qui devine et soulage tous les
besoins, le journalier ne se voit plus contraint
par la dure nécessité à soumettre aux dangereuses fatigues d'un travail prématuré ses forces
épuisées par les ravages d'une maladie récente.
Des secours prudemment ménagés lui permettent de respirer, dans le calme et le repos, l'air
pur et libre dont il a été privé et qui rend à ses
membres énervés leur santé et leur vigueur. »

Il est impossible de mieux dire et d'indiquer
plus exactement dans quel esprit M. de Montyon
a fait ce fameux testament. Mais l'importance
de ce document est telle que je crois devoir le
transcrire intégralement.

TESTAMENT

DE MONSIEUR LE BARON AUGET DE MONTYON.

12 novembre 1819.

1° Ceci est mon testament, et je révoque tout testament, codicille ou autre disposition testamentaire antérieure.

Je veux être enterré le plus simplement possible.

2° Je demande pardon à Dieu de n'avoir pas rempli exactement mes devoirs religieux; je demande pardon aux hommes de ne leur avoir pas fait tout le bien que je pouvais et que par conséquent je devais leur faire. Je veux être enterré avec la plus grande simplicité, ce qui doit être exécuté d'autant plus exactement, que ce qui sera économisé sur cet article tourne à l'avantage de mes legs.

3° J'institue ma légataire universelle de tous mes biens meubles et immeubles, de quelque nature qu'ils soient et en quelque pays qu'ils soient situés, présents et à venir, et en y comprenant les actions à exercer pour le recouvrement de mes droits, Mlle Robertine de Balivière, ma filleule, à la charge d'acquitter mes dettes et toutes dispositions portées au présent testament et autres que je pourrai faire par la suite, à quelques sommes qu'ils puissent monter, sans toutefois que, après mes dettes payées et mes legs et autres dispositions acquittés, ces legs et dispositions puissent absorber une telle somme que le legs universel n'atteigne pas une somme de soixante mille francs libre de toutes charges et de tous frais, et à l'effet de ce que dessus mes biens, s'il est nécessaire, seront vendus. Je crois pouvoir me permettre ces dispositions d'autant que je n'ai

pas de parent proche, ni avec lequel j'aie des liaisons
d'amitié, et qu'il ne me reste aucun bien que je tienne
de mes parents. Pour que mes legs ne portent aucune atteinte à la somme de soixante mille francs
réservée absolument à ma légataire universelle, mes
premiers legs seront exécutés de préférence aux
autres, et en cas que les legs s'élèvent à une telle
somme qu'elle absorbe celle de soixante mille francs
réservée absolument à ma légataire universelle ou
y porte atteinte, les derniers legs qui porteraient
cette atteinte ne seront point exécutés, les premiers
ayant la préférence, qui sera réglée suivant l'ordre
de leur inscription. Si mes legs laissent une plus
grande somme libre et disponible que celle de soixante
mille francs, cet excédant entrera dans le legs universel; tous les legs seront délivrés aux légataires
francs de tous droits de fisc et autres, qui seront
acquittés par ma succession et en seront une charge.

En cas que Mlle Robertine Balivière me prédécède,
je lui substitue Mlle de Balivière, sa sœur aînée,
et, en cas que Mlle de Balivière l'aînée me prédécède,
je lui substitue Mlle de Balivière la cadette; en cas
que les trois demoiselles de Balivière me prédécèdent,
je leur substitue Mme la comtesse de Balivière, leur
mère; chacune d'elles, audit cas de vacation au legs
universel, jouira des mêmes droits dont aurait joui
Mlle Robertine de Balivière, si elle ne m'eût pas pré-
décédé.

4o Je prie M. Pierre Pivost, avocat, demeurant
à Paris, rue Guénégaud, d'être mon exécuteur testamentaire et d'accepter un diamant de deux mille
quatre cents francs; et, comme cette exécution entrai-
nera beaucoup de soin, il est prié de vouloir bien
percevoir des honoraires pour les soins et vacations
qu'exigera le testament.

5° Je lègue à Ménard, à Bérenger, à Vautry, chacun quinze cents francs. Je lègue de plus à Bérenger et à Vautry ma garde-robe, linge de corps et vêtements, à partager entre eux. Je lègue de plus à Ménard mes livres, à la charge de payer à Bérenger et à Vautry chacun cent francs. Je lègue de plus à Bérenger mes deux montres d'or. Celui qui au jour de mon décès ne sera plus à mon service sera privé des legs que je lui fais, qui seront annulés. Si j'ai quelque autre domestique au jour de mon décès, je lui lègue autant de fois deux cents francs qu'il aura été d'années à mon service, et l'année commencée sera comportée comme révolue.

6° Je lègue aux pauvres de la paroisse de Montyon trois cents francs, aux pauvres de la paroisse de Chambry cent cinquante francs.

7° Je prie M. Jérémie Hermann, directeur de la Banque d'Angleterre, de vouloir bien recevoir mes remerciements de l'amitié qu'il m'a marquée et de vouloir bien accepter un diamant du prix de trois mille francs de France. J'espère qu'il voudra bien aider de ses conseils mon exécuteur testamentaire pour les affaires qui sont à suivre en Angleterre.

8° Je prie M. William Morgan, secretary of the equitable Society de Londres, de recevoir mes remerciements de l'amitié qu'il m'a témoignée et de vouloir bien accepter un diamant de douze cents francs de France.

9° Je prie les enfants de Mme Berthier, en son nom Deforges, de vouloir bien agréer que je leur lègue ce qu'ils me doivent ou me devront à ma mort, et que j'y ajoute une somme de quinze cents francs, qui sera partagée entre eux ainsi que le jugera à propos madame leur mère.

10° Je prie M. le marquis de Laplace, pair de

France, de vouloir bien permettre que je lègue à mademoiselle sa petite-fille, qu'il élève chez lui, un diamant de deux mille francs. Je lui serai obligé s'il veut bien diriger mon exécuteur testamentaire dans l'exécution des legs qui suivent :

11° Je veux qu'il soit employé une somme de deux mille quatre cents à trois mille francs pour faire une statue en marbre formant un buste de Madame Elisabeth, avec cette inscription : « A la vertu. » Ce buste sera placé dans un lieu où il pourra être vu de beaucoup de personnes, s'il est possible à la porte de l'église Notre-Dame, à Paris. Je ne me rappelle pas si j'ai jamais eu l'honneur de parler à cette princesse ; mais je désire lui payer ici un tribut de respect et d'admiration.

12° Je lègue une somme de dix mille francs pour fournir un prix annuel à celui qui découvrira des moyens de rendre quelque art mécanique moins malsain.

13° Pareille somme de dix mille francs pour prix annuel en faveur de qui aura trouvé dans l'année un moyen de perfectionnement de la science médicale ou de l'art chirurgical.

14° Pareille somme de dix mille francs en faveur d'un Français pauvre qui aura fait dans l'année l'action la plus vertueuse.

15° Pareille somme de dix mille francs, en faveur du Français qui aura composé et fait paraître le livre le plus utile aux mœurs.

Pour les articles précédents, douze, treize, les prix seront distribués par l'Académie des sciences ; pour les derniers, quatorze et quinze, par l'Académie française. Si ces Académies ne voulaient pas se charger de cette distribution, elle sera faite par l'institution que ces Académies voudront bien désigner.

16° Je lègue à chacun des hospices des départements de Paris une somme de dix mille francs pour être distribuée en gratifications ou secours à donner aux pauvres qui sortiront de ces hospices et qui auront le plus besoin de secours. Comme il y a douze départements, cette disposition est un objet de cent vingt mille francs. La disposition sera faite par les administrateurs des hospices.

17° Je veux que les legs portés aux articles précédents, douze, treize, quatorze, quinze, seize, ce dernier pour chacun des hospices de Paris, soient doublés, triplés et même quadruplés, en sorte qu'un legs porté à dix mille francs soit porté à quarante mille, le doublement de tous ces legs précédant le triplement d'aucun d'eux, et le triplement de tous précédant le quadruplement d'aucun d'eux : cette proportion pour avoir lieu si l'état de mes biens le permet, sans que la valeur réservée pour être le minimun du legs universel en reçoive atteinte. Ces legs seront accrus et   indéterminément tant que le permettra la réserve pour le legs universel.

18° Toutes les sommes dont il est disposé dans les articles douze, treize, quatorze, quinze, seize seront placées en rentes sur l'État, dites inscriptions à cinq pour cent, et les arrérages serviront à l'exécution des dispositions contenues dans ces articles.

19° Je donne à mes dispositions cette latitude indéterminée, parce que l'incertitude du montant des biens dans lesquels je puis rentrer et dont j'ai été dépouillé pour cause d'émigration ne m'offre point un montant fixe de ma fortune.

Fait à Paris, le douze novembre mil huit cent dix-neuf.

Signé : AUGET DE MONTYON.

20° Je supplie Mme la baronne Paquier de vouloir bien me donner une nouvelle preuve de l'amitié dont elle m'a honoré en acceptant, pour conserver un souvenir de moi, une médaille d'or, qui est le prix qui a été accordé en Suède à un de mes ouvrages.

Premier septembre mil huit cent vingt.

Signé : AUGET DE MONTYON.

Au bas est écrit : « Enregistré à Paris, le dix-sept janvier mil huit cent vingt, et reçu cinq francs cinquante centimes, dixième compris.

« *Signé :* COURAPIED. »

Ainsi donc, le testament, ouvert le 11 janvier 1821, instituait pour légataire universelle Mlle de Balivière. Sans cette donation et quelques legs particuliers, la fortune de M. de Montyon appartenait pour un quart aux Académies et pour le reste à l'administration charitable de Paris. La disposition spéciale qui ordonnait de doubler, tripler et quadrupler les legs faits aux Académies et aux établissements hospitaliers semble indiquer que M. de Montyon ne connaissait pas le chiffre exact de sa fortune. Cette fortune était énorme et dépassa toutes les prévisions.

M. de Montyon était décédé le 29 décembre 1820, et ce ne fut que neuf ans après que

l'actif fut définitivement établi à la somme de
6 802 422 francs 95 centimes.

Les biens et valeurs recouvrés en France
   figurent dans ce chiffre pour.. . . . 2 369 809 fr. 78
La part dans l'indemnité du milliard
   avait été de 815 292 57

   Les recouvrements à l'étranger furent
les sommes ci-après :

Angleterre. 2 216 491 01
Amérique.. . . . . 605 364 32
Lubeck. 254 54
Pays-Bas, Russie, Louisiane 462 995 65
Saxe et Prusse. 106 916 72
Suisse. 60 870 60
Toscane 164 427 76
                         6 802 422 fr. 95

Au fur et à mesure des recouvrements, ces
sommes étaient placées en rentes sur l'Etat,
dans les proportions fixées au testament : six
huitièmes pour les hospices, un huitième pour
l'Académie française , et un huitième pour
l'Académie des sciences.

Une transaction avait eu lieu avec Mlle de
Balivière et ses droits fixés à une somme nette
de 500 000 francs. Ainsi donc les Académies et
les hospices de Paris recevaient de M. de Mon-

tyon une somme s'élevant à près de sept millions de francs.

La générosité de M. de Montyon avait été
grande ; la reconnaissance qu'on lui témoigna
ne le fut pas moins. J'ai sous les yeux le pro-
cès-verbal des honneurs funèbres rendus à la
mémoire de ce grand homme de bien les 25
et 26 avril 1838 [1].

Le 25, ses restes furent transférés du cime-
tière de Vaugirard sous le péristyle de l'Hôtel-
Dieu, et le 26 une cérémonie religieuse eut lieu
dans l'église de Saint-Julien-le-Pauvre.

Trois discours furent prononcés, au moment
de l'inhumation, par M. le comte de Rambuteau,
préfet de la Seine, au nom de la Ville de Paris et
du Conseil général des hospices, par M. le baron
de Barante, président de l'Académie française, et
par M. Becquerel, président de l'Académie des
sciences.

M. de Rambuteau retraça les principaux traits
de la vie de M. de Montyon. Il fit justement remarquer que M. de Montyon perfectionnait pour
ainsi dire l'art de faire le bien. « M. de Montyon, disait-il, a toujours étudié les institutions

---

1. *Honneurs funèbres à la mémoire de M. de Montyon.*
Paris, 1838.

qu'il voulait former ; la sagacité, la prudence présidèrent avant tout à ses libéralités. Non seulement il voulait faire du bien, mais il voulait encore qu'il fût durable et volontaire ; il y apportait ses plus profondes méditations. »

M. de Barante exprima le vœu que l'exemple de M. de Montyon fût imité. « Puissent, s'écria-t-il, les riches et les heureux du siècle, enseignés par la religion, cédant aux inspirations sympathiques de la pitié, pénétrés du véritable esprit d'égalité, avertis par l'état de la société, chercher, comme M. de Montyon, leur contentement et reconnaître leur devoir dans la pratique éclairée de la charité ! Que l'amour des richesses et des jouissances, mobile trop universel de notre époque, s'excuse et s'absolve en n'oubliant pas les souffrances du peuple et en lui donnant sa portion. »

M. Becquerel rappela, dans son discours, les noms des savants qui avaient obtenu les prix fondés par M. de Montyon. Il signala l'importance de leurs découvertes, montra quelle émulation ces fondations excitaient et de combien de progrès la science leur était redevable, et il affirma en terminant que « l'Académie des sciences, fidèle à la mission qu'elle avait reçue du

baron de Montyon, continuerait à faire tous ses
efforts pour seconder ses vues philanthropiques
et pour montrer constamment au monde que
cet homme vertueux est un des plus grands
bienfaiteurs de l'humanité. »

Mais c'est M. Flourens qui me paraît avoir le
mieux compris la grandeur de l'œuvre fondée
par M. de Montyon. Dans le rapport qu'il présenta à l'Académie française le 20 juillet 1843 [1]
il fait justement remarquer que les fondations
diverses établies par M. de Montyon tiennent les unes aux autres et ne forment toutes
qu'une institution immense en faveur des pauvres. « Le pauvre est malade, M. de Montyon
lui a préparé des secours pour ses maladies; le
pauvre se livre à des arts souvent insalubres,
M. de Montyon a chargé l'Académie des sciences d'assainir ces arts et de rendre l'art de
guérir plus constamment utile, de jeter les
bases solides de la science du bien public;
enfin il a confié à l'Académie française le soin
plus doux, et sans doute non moins important,
d'améliorer les mœurs par les lettres, et les
lettres elles-mêmes par l'exemple toujours pré-

1. Institut de France, Académie française, Discours de
M. Flourens, 2 juillet, 1843.

sent des vertus du pauvre. M. de Montyon a
reculé toutes les limites connues de la bienfaisance. »

Ces éloges mérités peuvent se résumer, dans
l'application à M. de Montyon de cette phrase
que le Père Lacordaire emprunte à l'apôtre saint
Paul pour définir le caractère de l'homme de
bien : « Le ciel, dit l'Apôtre, a la hauteur, la
largeur, la longueur. De même le caractère doit
avoir la hauteur, c'est-à-dire la dignité ; la largeur, c'est-à-dire la générosité ; la longueur,
c'est-à-dire la patience et le dévouement. »
Qui plus que M. de Montyon s'approche de
cet idéal rêvé par le Père Lacordaire ?

CHAPITRE VIII

LES PANÉGYRISTES

La loi religieuse et la loi morale au xviiie siècle. —
M. de Montyon, en rétablissant ses fondations, n'a pas
entendu remplacer la religion par la vertu. — L'œuvre
de M. de Montyon répond à un grand sentiment national. — Ses panégyristes.

Après avoir rappelé qu'avant la Révolution
l'Académie française chargeait chaque année un
de ses membres de prononcer l'éloge de ce
grand cardinal de Richelieu qui fut son fondateur, M. de Jouy fait remarquer que l'admiration
publique commençait peut-être à se fatiguer, et
il ajoute [1] : « Il n'en sera pas de même de la nécessité pour l'Académie de répéter annuellement
l'éloge de M. de Montyon. Pourra-t-on se las-

1. Institut de France, Académie française, Discours de
M. de Jouy, 17 juin 1841.

ser jamais d'entendre rappeler à la mémoire des hommes celui dont la vie tout entière, vouée au culte de la vertu, en consacra le dernier acte par la fondation d'une école de morale pratique qu'il dota si généreusement et dans laquelle la vertu indigente trouvera chaque année et à toujours son éloge et sa récompense ? »

Je veux croire que M. de Jouy, qui écrivait ces lignes en 1841, ne s'est pas trompé, et que d'âge en âge le souvenir de M. de Montyon ira grandissant. N'est-il point écrit que la mémoire du juste vivra éternellement?

J'ai voulu apporter ma pierre à ce grand édifice que chaque année l'Académie élève à cet homme de bien. Pour moi, M. de Montyon n'est point seulement ce grand philanthrope que tout le monde connaît; c'est plus et c'est moins en même temps : je m'explique.

Ceux qui m'ont précédé dans la vie ont vécu près de lui et de son château, qui existe encore, on peut voir la maison où ont habité mes ancêtres; plus d'une fois j'ai trouvé mon nom sous la plume de Monsieur le baron. Ce travail a donc dans certaines de ses parties un caractère particulier : il est intime et s'appuie sur des documents qui n'étaient pas et ne pouvaient être destinés

à la publicité. Loin de moi d'ailleurs l'intention
d'amoindrir la grande personnalité de M. de
Montyon. Ce sont les faits qui louent, a-t-on dit
avec raison. A ce point de vue, j'ai apporté ma
part dans le tribut de louanges dû à M. de Montyon. L'œuvre toutefois ne serait pas complète
si je n'y joignais les éloges décernés par des
plumes autorisées à ce grand homme de bien.

Au moment où M. de Montyon fonda pour la
première fois ses prix de vertu, la loi morale
s'était séparée hautement de la loi religieuse.
Devant ce grand vide de la religion absente,
on voulut quelque chose pour le remplir [1].
« En abattant l'arbre qui couvrait le monde,
on prétendit ne pas renoncer à ses fruits.
Comme la raison humaine avait remplacé la
raison divine, on pensa raffermir l'ordre social
en remplaçant la religion par la vertu. La vertu
devint la sollicitude, la prétention, l'idolâtrie
de la société la plus distraite de ses devoirs qui
se vit jamais. Ce fut entre les opinions, les
classes, les partis, à qui tiendrait le plus haut
le drapeau de la vertu. Nous ne trouverions
pas un livre du temps où le mot sacramentel

---

1. Discours de M. de Salvandy, 17 août 1854.

ne brille, tracé à toutes les pages; et, bien entendu, cette vertu sans définition, sans code,
sans sanction, était un mot vide de sens. Elle
s'accommodait de tous les désordres; au besoin,
elle encensait ceux des trônes, comme leur con-
tingent dans l'œuvre de la démolition universelle.

« Ce tour étrange des esprits eut pour résultat
de charmer réellement et de rassurer les âmes
élevées. Tout le monde avait fait son deuil de
l'ordre religieux. On crut tenir à l'ordre moral
par une ancre solide. Ce fut précisément pour
donner quelque consistance à ce qui visiblement
n'en avait aucune que M. de Montyon fonda
ses prix de vertu. Il suivait plutôt qu'il ne pré-
cédait le grand mouvement du siècle; il maté-
rialisait la vertu, et aux récompenses divines il
substituait des récompenses humaines. »

Tel fut sans doute le but que se proposa en
1782 M. de Montyon, d'accord en cela avec l'époque; mais, lorsqu'au retour de l'exil il rétablis-
sait, en même temps que ses prix littéraires, ses
anciens prix de vertu, il n'obéissait plus à la
même inspiration, ou, pour mieux dire, cette
inspiration s'était modifiée. Il entendait ratta-
cher au principe et au sentiment religieux la loi

morale ; je n'en veux d'autres preuves que ces
belles et touchantes paroles, placées en tête de
son testament : « Je demande pardon à Dieu de
n'avoir pas rempli exactement mes devoirs religieux ; je demande pardon aux hommes de
ne leur avoir pas fait tout le bien que je pouvais
et que par conséquent je devais leur faire. »

Ainsi, en mourant, M. de Montyon s'inclinait
devant la religion, et, en lui rendant ce dernier
et éclatant hommage, il ne donnait aucun dé-
menti aux principes qui avaient guidé sa longue
existence ; il unissait dans un suprême adieu ce
que le xviiie siècle avait séparé bien à tort,
l'amour de Dieu et l'amour du prochain.

« L'œuvre de M. de Montyon répond aujour-
d'hui plus que jamais à un grand sentiment
national. Que de voix autorisées se sont élevées
depuis un demi-siècle pour justifier sa pensée !
Dans cette série d'apologies, c'est un plaisir
de voir briller toutes les nuances du sentiment
littéraire et moral, c'est un plaisir et un charme
de retrouver les meilleures inspirations philosophiques du xviiie siècle continuées et rectifiées
par l'esprit chrétien du xixe. Et par exemple, pour
ne citer que les morts, quelle variété d'argumen-
tations de Laplace à Cuvier, de Lemercier à

M. de Frayssinous, de M. Laya à M. de Sèze, de Sainte-Beuve ou de Prévost-Paradol à Montalembert, à Saint-Marc Girardin, à Vitet, à Guizot [1]. »

Il ne reste rien à dire après de tels maîtres, fait remarquer M. Saint-René Taillandier. S'il ne reste rien à dire, il reste, suivant moi, quelque chose à faire : c'est de citer ces illustres maîtres.

M. de Montyon vivait encore quand, le 24 août 1819, M. le comte Daru, sans toutefois prononcer son nom au sein de l'Académie française, le désignait à la reconnaissance publique ; mais c'est à M. Charles Lacretelle que revient l'honneur d'avoir été le premier panégyriste de M. de Montyon.

Le 25 août 1821, quelques mois après la mort de M. de Montyon, M. Lacretelle prononçait son éloge à l'Académie. Depuis lors, l'Académie n'a pas failli à la tâche de louer annuellement en M. de Montyon, l'homme qui a donné lui-même l'exemple de vertus pour lesquelles il institua des récompenses. « M. de Montyon, dit M. de Lacretelle, né d'une famille distinguée et possesseur d'une grande for-

1. Institut de France, Académie française, Discours de M. Saint-René Taillandier, 16 novembre 1876.

tune, joignait à ces avantages des dons plus
précieux encore : un esprit sain dans un corps
robuste, une disposition presque inouïe à la tem-
pérance, des goûts à la fois aimables et sérieux, un
cœur bienfaisant. » Dans la même séance, M. le
marquis de La Place déclarait que » la proclamation du prix de vertu était la plus honorable des
fonctions de l'Académie. »

Le 24 août 1822, M. le comte de Ségur qua-
lifiait M. de Montyon d'ami constant de l'humanité. « Ce magistrat, disait-il, dont on ne peut
prononcer le nom sans émotion et sans respect,
était lui-même le modèle de toutes les vertus. »

Le 25 août 1823, M. de Frayssinous, évêque
d'Hermopolis, se montrait très sobre de louanges à l'égard de M. de Montyon.

Le 25 août 1824, M. le comte de Sèze rappe-
pelait que M. de Montyon avait connu les tris-
tesses de l'exil et énumérait les bienfaits qu'il
n'avait cessé de répandre autour de lui.

Le 25 août 1825, M. le comte Daru, qui avait
loué M. de Montyon de son vivant, le louait encore après sa mort. « Grâce à un particulier, disait-il, les sciences et la morale se virent plus
noblement dotées qu'elles ne le furent jamais. »

Le 25 août 1826, M. le comte de Cessac com-

mençait ainsi son rapport sur le prix de vertu :
« En parcourant les annales des peuples anciens
et modernes, on éprouve un sentiment pénible, lorsqu'on voit qu'il s'est écoulé plus de
trois mille ans entre l'époque où des prix furent
institués pour favoriser le développement du
corps, pour encourager les arts agréables, pour
perfectionner les dons de l'esprit, et l'époque où
il a été décerné pour la première fois des récompenses publiques à la vertu...... Félicitons-nous
d'être nés dans un siècle et dans un pays où
l'un de nos concitoyens a fondé avec magnificence des prix pour récompenser la vertu
dans les personnes qui n'ont pas de fortune et
a ainsi fourni à tous les gouvernements le modèle d'une institution dont l'utilité n'est pas
contestée. »

Le 25 août 1827, M. Picard estimait que l'Académie devait être heureuse et fière d'avoir été
choisie par M. de Montyon pour décerner et
proclamer ses bienfaits.

Le 25 août 1828, M. Lemercier, prêtant à
M. de Montyon des sentiments d'une subtile
humilité, s'écriait : « L'auteur de la donation eût
aimé à nous entendre dire ici qu'il est moins
admirable encore que les auteurs des bonnes et

belles actions qui attirèrent ses tributs généreux et salutaires. »

Le 25 août 1829, M. Cuvier prenait en main la défense de l'œuvre de M. de Montyon, et, dans un discours apologétique dont nous avons ailleurs cité les principaux passages, il montrait la grandeur de la conception et l'importance du résultat.

Le 25 août 1830, le discours de M. Parseval-Grandmaison, prononcé à quelques jours de date de la révolution de Juillet, mêle aux éloges annuels décernés à M. de Montyon des louanges au nouveau roi des Français. M. Grandmaison affirme que l'on poussait alors des cris d'allégresse et d'amour à l'aspect du roi Louis-Philippe.

Le 9 août 1831, M. Lebrun est encore tout entier à la joie causée par la révolution de Juillet : « La Révolution française, quinze ans abattue et humiliée, s'est relevée tout entière et couronnée dans la personne d'un de ses enfants ; elle s'est assise sur le trône avec sa première fierté. » Il regrette de ne pouvoir décerner aux héros de Juillet le prix légué par M. de Montyon.

Le 9 août 1832, M. Brifaut, sous l'impression terrible causée par l'apparition du choléra, loue l'intrépidité dont fit preuve le corps médical ; il termine en s'écriant : « Montyon, louange et honneur à toi, à toi qui, par une fondation toute philanthropique, sut remplir une lacune déplorable dans les fastes de l'humanité ! Avant toi, que de vertus ignorées laissaient involontairement calomnier leur siècle, qu'elles eussent réhabilité si leur siècle avait su ou pu se parer d'elles !..... Enfin, grâce à M. de Montyon, on juge, on apprécie une classe trop longtemps méprisée. On dirait qu'en communiquant une heure, une seule heure avec le génie de la bienfaisance apparu dans cette enceinte, nous avons tous ressenti la plus louable des ambitions, celle de conquérir à notre tour la palme innocente de la vertu. »

Le 9 août 1833, M. de Jouy, se faisant courtisan, regrette que ce soit dans la classe laborieuse et indigente que doivent être décernés les prix de vertu, car, si le génie de la charité présidait lui-même à ce concours, c'est sous le diadème qu'il irait aujourd'hui déposer une double couronne.

Le 9 août 1834, M. Villemain estime que l'on

ne pourra jamais assez bénir la mémoire du
vertueux Montyon.

Le 25 août 1835, M. Tissot déroge aux habitudes constantes de l'Académie et fait le rapport sur le prix de vertu sans prononcer l'éloge
de leur mémorable fondateur.

Le 11 août 1835, M. Nodier, reprenant la
tradition, dit qu'il est impossible de s'occuper
de la distribution des prix décernés à des
actions vertueuses sans se rappeler le fondateur de cette touchante institution. « Consacrer
une partie de sa fortune, non pas à récompenser la vertu, car la vertu n'attend pas de
récompense sur la terre, mais à la seconder
dans ses bienfaits et à l'encourager dans ses
sacrifices, c'est pratiquer aussi la vertu et en
laisser des marques dignes de louanges éter-
nelles. Honneur soit donc rendu avant tout à
M. de Montyon!.... Si l'Académie fut chargée de
la gestion des legs pieux, c'est parce que M. de
Montyon pensait qu'il n'appartient qu'à l'intelligence d'apprécier convenablement la vertu,
qui n'est elle-même qu'une intelligence accom-
plie de nos devoirs et de notre destinée. »

Le 9 août 1837, M. Lebrun affirme que « ce
n'est pas pour elle que nous couronnons la

vertu : que lui importe ? Si elle est véritablement la vertu, elle est pour le moins indiffé-
rente à nos couronnes ; ce n'est pas pour elle,
c'est pour la société tout entière, à laquelle elle
appartient, qui a le droit de s'en servir, c'est
dans l'intérêt et pour l'instruction de la société, que nous rassemblons ici ces beaux modèles. M. de Montyon ne s'est pas mépris. Ces
couronnes ne sont pas vaines ; elles ne sont
pas stériles pour la société. Après le plaisir de
faire une bonne action, le plus grand sans
doute, c'est d'en être témoin, d'en jouir, de lui
rendre le culte que lui garde le fond de nos
âmes. »

Le 9 août 1838, M. de Salvandy rend grâce
à M. de Montyon, qui oblige l'Académie de
reconnaître quelque chose de plus grand que
le succès de l'esprit. « L'Académie s'inclinera
devant une puissance plus haute que la sienne.
Il sera beau d'entendre chaque année cette
enceinte retentir de graves paroles, qui, au
début de cette séance, rendront gloire à la
morale ; d'entendre chaque année les princes
des lettres proclamer dans leur sanctuaire
qu'elle doit dominer les lettres et les gouverner. »

Le 9 août 1839 , M. Etienne rappelle les prix institués par Richelieu pour les productions de l'esprit et dit que, « grâce à M. de Montyon, l'Académie a des palmes pour les belles actions comme pour les beaux vers. »

Le 11 juin 1840, c'est encore M. de Salvandy qui prend la parole. Il ne cherche pas à justifier la pensée de l'homme de bien magnifique qui a imaginé de remettre à une compagnie de gens de lettres le soin de découvrir et de récompenser la vertu. « Peut-être M. de Montyon a-t-il considéré que le plus bel attribut des lettres était d'assurer la gloire des peuples, en racontant tout ce qui est digne de renom. Il a voulu que toutes les bonnes actions fussent traitées comme les grandes actions elles-mêmes et que la vertu misérable eût sa part, sans l'avoir cherchée, du respect et des souvenirs publics. »

Le 17 juin 1841, M. de Jouy, dans un discours que nous avons cité en tête du présent chapitre, espère que l'éloge annuel de M. de Montyon ne fatiguera pas l'admiration publique.

Le 30 juin 1842, M. le comte Molé reconnaît dans l'œuvre de M. de Montyon le caractère de son époque. Philanthropique et libérale, cette œuvre a moins pour objet de secourir l'infortune que de faire ressortir ces vertus pratiquées sous le toit des pauvres, et qu'on accusait le passé de n'avoir pas su reconnaître et découvrir. Ce but a-t-il été atteint? M. Molé n'hésite pas à l'affirmer. « Honorons donc la mémoire du fondateur des prix de vertu. De tous les sentiments, le plus utile à répandre parmi les classes inférieures, le plus propre à préserver l'extrême misère de la dégradation morale, c'est le respect de soi-même. Or le pauvre dont les belles actions ou la conduite vertueuse a mérité d'être racontée dans cette solennité annuelle n'a-t-il pas une autre conscience de lui-même? ne se respecte-t-il pas davantage? »

Le 20 juillet 1843, M. Flourens attribue à M. de Montyon l'intention d'avoir voulu fonder l'enseignement pratique de la vertu. « Observateur aussi éclairé que bienveillant, il vit les instincts généreux du peuple former partout les premières bases des sociétés humaines; il vit partout des malheurs, mais à côté des malheurs il vit partout la compassion; et l'inépuisable charité lui parut établie de Dieu pour servir de contre-poids éternel au mal éternel qui est sur la terre. »

Le 29 juillet 1844, M. Scribe fait le rapport sur les prix de vertu sans presque parler de leur fondateur.

Le 11 décembre 1845, M. Dupin se demande quelle sorte de loyer on doit donner à la vertu? Ne faut-il pas tenir pour maxime, avec l'auteur du livre de la *Sagesse* (Charron), « que le fruit des belles actions est de les avoir faites et que la vertu ne saurait trouver hors de soi une récompense digne d'elle? » Lors donc que l'Académie française distribue les prix fondés par M. de Montyon, elle n'a pas la prétention d'exercer cette haute justice rémunératrice à laquelle les institutions humaines ne sauraient atteindre. Simple exécuteur testamentaire, l'Académie ne fait que délivrer un legs pieux.

Le 10 septembre 1846, M. Viennet constate que « le devoir imposé aux membres de l'Académie de rechercher les actes de vertu rappelle aux écrivains ce qu'ils ne devraient jamais oublier : c'est que l'art de bien dire n'est pas un don gratuit de la divinité et qu'il apporte avec lui le devoir de bien faire. »

Le 22 juillet 1847, M. de Tocqueville, s'inspirant de l'idée émise l'année précédente par M. Viennet, estime que « le talent de bien dire serait peu de chose s'il ne conduisait les hommes à bien faire. Le vénérable Montyon, dont l'Académie est l'exécuteur testamentaire, l'a senti. Après avoir fondé des prix pour récompenser les auteurs de livres moraux, il en a fondé d'autres, dans le but d'honorer les actions vertueuses, et il a voulu que tous ces prix fussent décernés le même jour, afin de montrer le lien étroit qui les unit entre eux. »

Le 5 juillet 1849, M. de Saint-Aulaire reprend la tradition du rapport annuel sur le prix de vertu, momentanément interrompue par les événements de l'année 1848. Il s'occupe de l'éloge de la reine Marie-Amélie plus que de celui de M. de Montyon et affirme, ce dont on se doutait peut-être bien avant lui, que les palais ne sont pas plus vides de bonnes œuvres que les chaumières.

Le 8 août 1850, M. de Salvandy est pour la troisième fois chargé du rapport sur les prix de vertu. Il établit un parallèle entre M. de Montyon et Mme de Staël. « L'un voulait relever le peuple par les œuvres, l'autre par les idées.

Tous deux étaient du même temps et du même monde. M. de Montyon poursuivait le progrès moral, Mme de Staël le progrès intellectuel et politique, c'est-à-dire la vertu et la liberté.... M. de Montyon n'avait que des vues généreuses. Répandre sur ceux qui souffrent le trésor de ses libéralités, comme les riches font toujours dans nos sociétés chrétiennes, ne suffisait pas à ce sage, à cet ami des hommes. Il voulait rendre les hommes meilleurs. Dans ce but, il résolut de recourir au ressort de l'émulation, assisté de ces deux aiguillons puissants, la renommée et les récompenses. »

Le 28 août 1851, M. le duc de Noailles prétend qu'en tournant ses regards vers le peuple M. de Montyon y attire les vertus. Il relève le peuple à ses propres yeux par le spectacle de ses vertus et excite notre émulation. M. de Noailles n'est pas éloigné d'attribuer à l'œuvre de M. de Montyon un but social au moins autant que philanthropique.

Le 19 août 1852, M. Vitet défend les concours de vertu qu'on a voulu envisager comme une sorte de profanation. Il soutient cette théorie que, la société étant en proie à de grands maux, il ne faut pas négliger les petits remèdes.

Le 18 août 1853, M. Viennet, rapporteur pour la deuxième fois du concours sur le prix de vertu, débute ainsi : « Je ne sais quel moraliste de mauvaise humeur a prétendu que les prix décernés aux actes de vertu étaient la plus grande preuve de la démoralisation d'un peuple. C'était convenir, selon lui, que la vertu était chose rare, puisqu'on était obligé de l'encourager par des récompenses publiques. » M. Viennet n'éprouve pas grand'peine à réfuter cette argumentation, et il estime que, loin de blâmer les encouragements que l'Académie donne à la vertu, on ferait mieux d'examiner s'il ne serait pas possible, s'il ne serait pas urgent d'en créer de nouveaux.

Le 24 août 1854, M. de Salvandy associe définitivement son nom à celui de M. de Montyon en rapportant pour la quatrième fois le concours sur le prix de vertu. Il enveloppe, dans un égal éloge, les deux créations de M. de Montyon, qui, liées l'une à l'autre, attestent une même pensée. L'utilité positive des prix de moralité littéraire, si l'on peut les appeler ainsi, est suffisamment établie; il en est de même des prix de vertu.

Le 30 août 1855, le duc de Noailles prononce

pour la deuxième fois l'éloge de M. de Montyon.
Pour M. de Noailles, il n'y a pas de plus bel
hommage rendu à la vertu, il n'y a pas de
moyen plus efficace de l'encourager parmi le
peuple que de confier, comme l'a fait M. de Montyon, à un corps aussi illustre que l'Académie,
le soin de s'enquérir de ses mérites et de lui
donner à lui-même l'exemple de ses bonnes
actions.

Le 28 août 1856, M. de Barante regarde que
« l'avantage attaché à la distribution des prix de
vertu, c'est d'honorer non point tel ou tel indi-
vidu, mais la classe à laquelle il appartient, de
montrer quels sentiments peuvent y régner,
quelle noblesse d'âme peut s'y rencontrer,
quelle influence y exerce la religion, quels sont
les bons effets de l'esprit de famille. »

Le 20 août 1857 M. Vitet analyse les deux
grands courants d'opinion qui se sont tour à tour
prononcés pour et contre l'œuvre de M. de Montyon : « Lorsqu'en 1782 M. de Montyon établit
pour la première fois ses prix de vertu, on était
incrédule aux miracles, mais à ceux du passé
seulement ; quant à ceux de l'avenir, les miracles
de la sagesse humaine, on y croyait avec fer-
veur. L'émulation passait surtout pour un levier

magique avec lequel on était sûr, sinon de sou-
lever le monde, du moins de le moraliser ; il n'y
fallait qu'un peu de temps, de bon vouloir et de
savoir faire. Chacun marchait à l'âge d'or qu'il
voyait devant soi, avec autant de certitude que
Christophe Colomb traversait l'Océan. Comment
M. de Montyon n'eût-il pas partagé la croyance
commune? Ne lui disait-on pas que ces prix
porteraient dans les âmes tant de bonnes se-
mences, que bientôt on verrait germer de toutes
parts la charité, le dévouement, l'amour du
sacrifice; que, les nobles passions gagnant toujours de proche en proche et rejoignant leurs
bienfaisants rameaux, au bout d'un siècle ou
deux les vices et les crimes disparaîtraient
de cette terre, comme étouffés par la vertu ?
On sait de quel réveil furent suivis ces beaux
rêves ! et quelle leçon châtia cet orgueil ! Alors
ce fut une autre thèse. D'un excès on passa à
l'autre. On s'était tout promis de l'homme et
des moyens humains, on n'en voulait plus rien
attendre. L'utopie était morte, on lui fit son
procès. Offrir à la vertu les récompenses de la
terre, la renommée, l'éclat, la vraie gloire,
n'était-ce pas la corrompre, la dessécher dans
sa racine? Lui décerner des prix, des médail-

les, de l'argent, quelle profanation ! Peu s'en
fallut qu'on n'accusât l'Académie d'empoisonner
les âmes par d'imprudentes largesses ; qu'on
ne la sommât de répudier un legs profane, de
cesser ses enquêtes, d'abdiquer sa juridiction,
de détourner ses indiscrets regards du sanctuaire de la conscience humaine. » M. Vitet fait
en terminant l'éloge de l'Académie, qui, sans
s'émouvoir, a continué de donner les prix de
vertu, redoublant de vigilance et de soins pour
ne les donner qu'aux plus dignes.

Le 19 août 1858, M. Saint-Marc Girardin com-
pare le rapport annuel sur les prix de vertu aux
exposés administratifs ; mais, tandis que ceux-ci
apprennent à la France ce qu'elle a de soldats,
de vaisseaux, etc.. ceux-là lui enseignent les
secrets de la vie morale et lui montrent qu'il y
a beaucoup de bonnes âmes. C'est un chapitre
du budget moral de la France, et dans ce budget
il n'y a pas de déficit.

Le 25 août 1859, M. Guizot reconnaît que la
disposition dominante de notre époque n'a rien
de semblable avec les idées en vogue au moment où M. de Montyon institua ses prix de
vertu. « Nous avons vu les hommes à tant et de
si rudes épreuves, nous avons subi, pour eux

et sur eux, tant et de si amers mécomptes, que
nous en sommes restés un peu enclins au dé-
couragement ou au dénigrement. Nous regar-
dons notre temps avec des yeux un peu fati-
gués et tristes, comme ayant trop attendu de
l'humanité et n'en espérant plus beaucoup. Ce
n'était pas là, à coup sûr, le sentiment de
l'homme de bien dont nous venons ici chaque
année accomplir les volontés et honorer la mémoire. M. de Montyon avait vécu dans le siècle
de la confiance et de l'espérance illimitées pour
les hommes; en même temps qu'il était vivement touché de leurs misères, il avait foi dans
leurs mérites et dans leurs destinées; à ses yeux,
ils étaient dignes de tout le bien qu'il voulait
leur faire, et c'est parce qu'il croyait à la vertu
qu'il a pris plaisir à fonder pour elle ce perpétuel hommage, qu'il a chargé l'Académie de lui
rendre. M. de Montyon s'est promis de la vertu
toujours et partout, dans les lettres comme dans
la vie; il a compté sur des œuvres littéraires morales comme sur des actions vertueuses. » Ce
qu'il y a de certain, dit M. Guizot en terminant,
c'est que « l'œuvre de M. de Montyon est de
celles qui peuvent supporter l'épreuve de repa-
raître chaque année devant leurs juges et que le

temps embellit et féconde au lieu de les user. »

Le 23 août 1860, M. de Rémusat pose cette question : « La gloire est-elle nécessaire à la vertu? Doit-on dire avec un ancien qui les a toutes aimées : « Le meilleur est le plus sensible à la gloire? » — « Optimus quisque maxime gloria ducitur » (Cicero). L'antiquité le croyait ainsi; elle était plus fière de cette vie, elle avait plus haute opinion que les temps modernes des choses de l'humanité. Elle ne se piquait pas de détachements d'une subtile humilité et faisait trop grand cas de l'admiration des hommes pour recommander l'affectation de la modestie.» M. de Rémusat constate que l'on pense autrement aujourd'hui ou du moins que l'on parle un autre langage. Il est convenu que ce qui mérite la louange doit la fuir: en la recherchant ; il faut s'en défendre. Il se plaint de l'obligation où se trouve l'Académie de se justifier de la sorte de violence qu'on l'accuse de faire à la vertu, en amenant au grand jour le bien qu'elle accomplit dans l'ombre et en décelant les bonnes œuvres qu'elle a cachées.

Le 29 août 1861, M. de Laprade estime que, si la double fondation de M. de Montyon n'a rien ajouté en France à la fécondité du bien, elle a

fait beaucoup pour l'heureuse direction des
lettres, en associant aux mêmes honneurs les
bonnes actions et les bons écrits.

Le 3 juillet 1864, M. de Montalembert retrace
à grands traits la physionomie de l'année 1782,
qui vit fonder les prix de vertu. « La paix d'Amérique allait récompenser le glorieux concours
que la France avait prêté à l'émancipation des
États-Unis. Louis XVI se montrait encore animé
de l'esprit qui avait appelé Malesherbes et Turgot dans ses conseils. La reine Marie-Antoinette venait de donner le jour à son premier-né.
Madame Elisabeth de France avait dix-huit
ans; elle illuminait Versailles de ses grâces vir-
ginales et de son angélique piété; cette Elisabeth dont le buste a été donné à l'Académie par
M. de Montyon lui-même, avec cette inscription : « A la vertu, » dont elle lui semblait le type
le plus accompli et le plus touchant. L'avenir
était heureux, et nul ne frissonnait d'avance à la
pensée du sort qui attendait ces têtes innocen-
tes et charmantes. La liberté semblait donc se
lever pure et féconde, et notre antique royauté
se retremper dans une source nouvelle de jeunesse, de popularité et de vertu; mais que de
mécomptes, de ruines et de désastres, que de

crimes surtout et d'humiliantes défaillances depuis ces jours de généreuse illusion, de légitime enthousiasme et d'aveugle confiance ! » M. de Montalembert constate en finissant qu'en dehors de la religion aucune institution, aucune loi, aucun pouvoir ne devait survivre à la grande tempête révolutionnaire, si ce n'est l'Académie française et l'œuvre modeste de M. de Montyon.

Le 23 juillet 1863, M. Saint-Marc Girardin prononce l'éloge annuel de M. de Montyon, l'auteur du budget moral de la France.

Le 21 juillet 1864, M. le prince de Broglie établit entre Richelieu et Montyon, les deux bienfaiteurs de l'Académie, un parallèle où l'honnête homme n'est point sacrifié au grand homme.

Le 3 août 1865, M. Sainte-Beuve fait le récit des plaisanteries de toute sorte qui accueillirent à son début l'œuvre de M. de Montyon. « On affectait de ne voir dans l'estimable fondateur, lorsqu'on sut son nom, qu'un homme de gloriole, un courtisan du public à l'affût de tous les petits succès. On prétendait que l'Académie allait se faire l'émule et la rivale des curés de Paris. C'était le temps, il est vrai, où la philanthropie, dans toute sa confiance et son ingénuité,

se donnait carrière, où le sentiment exalté
d'humanité qu'aucun échec n'avait encore averti
surpassait toutes ses espérances et tous ses rêves, où des zélés en venaient jusqu'à proposer
des espions du mérite et de la vertu pour dénoncer les beaux génies inconnus et modestes,
pour découvrir les belles actions cachées, avec
la même vigilance et la même adresse qu'on
met à découvrir les mauvaises. Le temps a fait
justice de ces légers travers comme de ces rail-
leries et n'a laissé subsister dans l'œuvre de
M. de Montyon, dans ce bienfait perpétuel, lar-
gement renouvelé et confirmé par lui après 1816,
que les bons effets d'une fondation si louable.
L'idée utile a pris le dessus. La religion, loin de
s'en alarmer ou de s'en étonner comme d'un
empiétement ou d'une concurrence, s'y est as-
sociée; l'extrême humilité des vertus chrétiennes a consenti à se laisser dévoiler et divulguer
dans l'intérêt de tous. La philosophie de son
côté a rabattu d'une première affiche sentimen-
tale, d'une première prétention peut-être à l'effet
et à l'éclat; elle n'a pris du sentiment que
l'extrême nécessaire, n'a pas recherché avant
tout la singularité et s'est parfaitement accom-
modée des vertus chrétiennes quand elle les

rencontrait devant elle dans son examen. Rien
ne met d'accord les bons esprits et les bons
cœurs comme l'idée et surtout la vue du bien,
le bien en action. Aujourd'hui, rien n'est mieux
compris, plus incontestablement accepté, re-
connu plus convenable et plus utile. »

Le 20 décembre 1866, M. Dufaure constate la
place considérable qu'occupe M. de Montyon
dans les séances annuelles de l'Académie française. Il découvre en cet homme de bien les
deux genres de mérite qu'il a voulu récompenser chez les autres. « M. de Montyon, dit M. Dufaure, avait le goût de son époque pour la culture des lettres. L'Académie le compte au
nombre de ses lauréats, et il a laissé des ouvrages estimés. Comme beaucoup d'écrivains
de son temps, il s'est occupé des améliorations
que réclamait l'état social de la France; mais il
a porté dans cette étude des connaissances et
une sagesse pratique qui manquaient à la plupart d'entre eux. Avant d'être appelé au conseil
du roi, il avait eu l'intendance de trois de nos
anciennes provinces. Administrateur, à la manière de Turgot, plus attentif aux besoins des
populations qui lui étaient confiées qu'aux intrigues de cour, dont sa fortune pouvait dépen-

dre, ses écrits sont animés du même esprit que
ses actes. Aux bienfaits d'une sage administration il ajoutait les charités abondantes que
sa fortune privée lui permettait de faire. » Ce
qu'admire surtout M. Dufaure, c'est l'utilité de
cette grande existence, vouée tout entière au
culte du beau et du bien.

Le 29 août 1867, M. de Falloux constate que
l'opinion a définitivement sanctionné la pensée
aussi intelligente que magnifique de l'illustre
M. de Montyon.

Le 20 août 1868, M. de Carné répond à ceux
qui reprochent à M. de Montyon d'avoir appliqué aux choses de la conscience les procédés
d'encouragement en usage pour l'élevage du
bétail et l'extension des cultures fourragères,
que les sympathies du pays ont assigné aux
fondations du grand philanthrope leur véritable
caractère.

Le 9 décembre 1869, M. Prévost-Paradol, en
faisant le rapport annuel sur les prix de vertu,
prononce à peine le nom de leur fondateur.

Le 23 novembre 1871, M. Legouvé déplore la
perte de dossiers relatifs aux prix de vertu, qui
empêche la distribution des récompenses.

Le 8 août 1872, le duc de Noailles jette un

coup d'œil rétrospectif sur les martyrs de la
Commune.

Le 28 août 1873, M. Camille Rousset reprend en
faisant l'éloge de M. de Montyon la tradition interrompue. « La rumeur publique a trop souvent
l'occasion de dénoncer le crime ; il est bon qu'elle
ait en revanche à dénoncer la vertu. » Il termine
en disant : « Le caractère particulier de cette
séance, c'est que les belles œuvres reçoivent les
louanges d'abord et que le dernier mot appartient aux bonnes œuvres. »

Le 13 août 1874, M. Cuvillier-Fleury cite
l'admirable discours de Bossuet sur l'éminente
dignité des pauvres dans l'Eglise et définit ainsi
l'œuvre de M. de Montyon : « Substituer le dévouement à la résignation, l'action à l'inertie,
le désintéressement inspirateur à l'égoïsme
endurci dans la souffrance personnelle : c'est à
cette conception à la fois hardie et touchante
que s'est élevé le fondateur des prix de vertu.
C'est le mérite singulier, c'est l'originalité de
sa fondation. »

Le 11 novembre 1875, M. de Vieil-Castel
espère que la proclamation des prix de vertu
pourra contribuer jusqu'à un certain point à
atténuer les haines sociales.

Le 16 novembre 1876, M. Saint-René Taillandier rappelle que M. de Montyon avait lui-même
donné l'exemple des vertus pour lesquelles il
institua des récompenses. « Qui donc a jamais
été plus soigneux de cacher le bien qu'il faisait ?
Magistrat, publiciste, conseiller d'Etat, intendant de province, réformateur, modeste émule
de Turgot, toute sa vie est pleine de bonnes
œuvres obstinément anonymes ; c'est seulement
après sa mort que le mystère en fut dévoilé. Il
ressemblait donc à ceux qui reçoivent ses couronnes ; il leur ressemblait par le renoncement
silencieux, par le bien accompli dans l'ombre,
par le besoin de rester inconnu. La seule différence, c'est qu'il possédait une grande fortune,
tandis que ses protégés étaient des indigents. A
le voir d'années en années se priver toujours
davantage des commodités de la vie et se réduire
au nécessaire, on eût dit qu'il était jaloux des
charités du pauvre. Il était heureux du moins
de se rapprocher de lui, suivant les belles paroles de l'Ecriture. »

Le 2 août 1877, M. Alexandre Dumas reconnaît que la fortune, tant enviée de ceux qui ne
l'ont pas, ne fait pas le bonheur de ceux qui
l'ont, et le motif qu'il en donne, c'est que ceux

qui l'ont ne s'en servent pas assez pour faire le
bonheur de ceux qui ne l'ont pas. La conséquence de ce raisonnement, c'est que la grande
fortune de M. de Montyon fut pour lui une véritable source de bonheur, puisqu'il sut en faire
profiter les autres.

Les éloges qui précèdent, tous empruntés à
des plumes académiques, ont cela de particulier : c'est qu'en dehors de l'éclat du langage,
qu'on doit admirer, mais dont on ne peut
s'étonner, ils portent tous comme le cachet de
l'homme qui les a inspirés.

Depuis plus d'un demi-siècle, l'Académie française n'a eu qu'un but : s'inspirer des généreuses
intentions de M. de Montyon. Les écrivains les
plus divers, les esprits les plus dissemblables
ont loué tour à tour ce grand honnête homme.
Jamais aucun parti n'a amoindri sa touchante
personnalité en tâchant de l'accaparer; tous ont
compris qu'il importait de tenir M. de Montyon
en dehors de nos misérables rancunes et que
son nom, comme ces pierres que les patriarches
élevaient à l'endroit où ils devaient se retrouver, après s'être momentanément séparés, était
le symbole de l'alliance entre la charité et la philanthropie, ces deux formes d'une même idée.

Bien avant qu'on l'eût écrit, M. de Montyon avait compris que la philanthropie et la charité devaient se confondre dans un sentiment de justice réparative à l'endroit de nos semblables. Lui aussi il connaissait les règles pratiques de la fraternité. Il savait que, pour ne pas abaisser celui qu'elle veut relever, la fraternité doit avoir les traits et le langage de la justice. En accordant à la vertu des honneurs publics suivis d'une récompense publique, il a établi un contrat où l'homme pauvre, en échange de la vertu dont il donne l'exemple, reçoit non pas une aumône, mais en quelque sorte un équivalent de ce qu'il a fourni à la société. Grâce enfin à M. de Montyon, l'indigent secouru par ses libéralités peut se croire légitimement créancier, car la vertu dont il donne l'exemple est au-dessus de tout salaire. Ainsi M. de Montyon a-t-il, par sa merveilleuse intuition du bien, été au-devant de ce qui semble être le désidératum de la science sociale contemporaine, à savoir : « qu'il faut que celui qui oblige prenne le rôle de l'obligé et semble non pas rendre un service, mais en demander un [1]. »

Il conviendrait peut-être avant de terminer ce

1. *La justice réparative*, par Alfred Fouillée.

chapitre, de reproduire quelques-uns des éloges en vers consacrés à la mémoire de M. de Montyon. Avec l'Italien Sanazzaro je m'écrierais volontiers : « Muses, donnez à son nom tout l'éclat qu'il mérite, proclamez-le partout. » Mais, je le dois confesser, cet homme, qui a eu la singulière bonne fortune d'être loué tour à tour par les plus grands écrivains du siècle, n'a reçu de la part des poètes que des éloges sans valeur, que des louanges sans portée. Les concours de poésie n'ont mis aucune œuvre en évidence. L'Epître à Rousseau de M. de Wailly sur les fondations Montyon mérite l'oubli dans lequel elle est tombée. Une pièce de vers qui a obtenu l'accessit au concours de 1826 peut être citée, non pas à cause de sa valeur poétique, presque nulle, mais parce qu'elle est écrite d'un style simple, qui rappelle la forme de La Fontaine, et surtout encore parce qu'elle offre cet autre avantage de reproduire les principaux faits de la vie du grand philanthrope.

L'auteur a supposé qu'un vieillard du Cantal racontait aux habitants des hameaux les vertus de Montyon, leur bienfaiteur.

> D'autres célébreront sa vie.
> Moi je la conterai, c'est tout ce que je peux.

. . . .

. . . .

Nous allions tous mourir, quand le Ciel favorable
Envoya parmi nous un mortel secourable :
Montyon, ce grand homme, aussi sage qu'humain,
Était notre intendant; comme un ange propice.
    Il parut, il donna soudain,
    Mieux que de l'or, mieux que du pain :
Il donna du travail. « Fondez cet édifice,
« En canal bienfaisant transformez ces marais.
« Construisez ce chemin, réparez cet hospice.
    « Ce torrent détruit vos guérets :
« Qu'une digue l'arrête et qu'un pont le franchisse. »
Il dit, et le fléau, vaincu par ses trésors,
Est contraint d'embellir, de féconder ces bords,
    Naguère en proie à ses ravages,
Et nous laisse en fuyant plus heureux et plus sages.
D'un si rare bienfait le bruit se répandit :
Au sauveur du Cantal le bon roi Louis seize
    Des premiers, dit-on, applaudit :
Montyon par son ordre à la cour se rendit.
Montyon à la cour n'était pas à son aise,
    Comme parmi les indigents.
    Dans ce pays, auprès de bien des gens,
    Sa bonhomie eut peine à trouver grâce.
Un jour qu'il attendit (ainsi le temps passe),
De maints jeunes seigneurs il se vit entouré,
    L'un raillait son habit gothique,
L'autre sa longue canne et son soulier carré;
Mais la vaste rondeur de sa perruque antique
    Attira surtout les regards
        Et les brocards...
Ainsi notre intendant fut admis à la cour.
    Mais quoi! dans ce souverain séjour
Quel rôle était le sien et qu'y pouvait-il faire ?

Il y fit ce qu'on n'y fit guère,
Disent nos frondeurs du Cantal :
Beaucoup de bien et point de mal.
    Le mérite dans l'infortune
Trouvait auprès de lui des secours assurés.
Aux Français, de lumière et de gloire altérés,
L'Académie alors tenait lieu de tribune.
    Dans cette lice des esprits,
Si quelque heureux concours, signalant maint ouvrage,
    Avait fait exprimer au docte aréopage
    Le regret de n'avoir qu'un prix,
Soudain un anonyme, ou deux, ou trois, ou quatre,
D'autant de concurrents couronnaient les travaux,
    Et des triomphes nouveaux
    Les encourageaient à combattre.
De tant de bienfaiteurs les talents étonnés
Au prix de mille efforts cherchaient à les connaître ;
Il n'en était qu'un seul, et vous le devinez.
Jours brillants, jours heureux, trop prompts à disparaître !
    Bientôt aux délices des arts
Succédèrent pour nous les civiles tempêtes :
    La foudre gronda sur nos têtes :
    D'où vint-elle ? De toutes parts.
Où couvèrent ces feux ? Voilà le grand problème.
Qui fut coupable ? Hélas ! tout le monde, et moi-même,
Tout berger que j'étais, que sais-je ? envers l'État
Peut-être ai-je commis quelque énorme attentat.
Plaignons, sans accuser : c'est, je crois, le plus sage ;
Ou faisons mieux encore, accusons le destin.
    En butte aux fureurs de l'orage,
La famille des rois de rivage en rivage
    Porta son exil incertain.
Montyon la suivit, et déjà sa prudence
Avait chez l'étranger transporté maints trésors,
    Non pas pour lui, mais pour nos bords.

Il partait entouré des enfants de la France,
Et son cœur dans l'exil prévit la bienfaisance.
Que dis-je ? envers lui-même avare et rigoureux,
    Dans chaque besoin qu'il surmonte
Il puise quelque aumône ; émigré pour son compte,
    Riche encore pour les malheureux.
    Enfin la France désarmée
Rendit le diadème aux enfants de Henri.
        Alors Montyon attendri
Revit de ses aïeux la terre bien-aimée.
Il y recommença le cours de ses bienfaits ;
Pour que la charité fût pour lui plus féconde,
    Comme une science profonde,
Il en étudia les devoirs, les effets.
Il voulut rendre heureux l'habitant des chaumières.
Mais comment du bonheur lui frayer le chemin ?
Est-ce par un or vil répandu dans sa main ?
Non ; c'est en lui donnant des vertus, des lumières.
Des lumières ! pardon ! le mot m'est échappé.
    Dans quelque docte verbiage
Un autre plus adroit l'aurait enveloppé.
    Moi, je parle comme au village.
Amis, vous le savez : de cent malheurs divers
Nos lumières, dit-on, menaçaient l'univers.
Le péril est pressant, Dieu le sait ! je proteste,
Quant à moi, qu'il échappe à ma simplicité.
Et quoi donc ! tout savoir n'est-il pas vérité ?
La vérité serait un poison funeste !
    Montyon ne le croyait pas ;
Non, pour soulager et instruire l'indigence,
Fut l'emploi de ses jours, que dis-je ? le trépas
    N'interrompit point sa bienfaisance.

FIN

TABLE DES MATIÈRES

BIBLIOTHÈQUE VARIÉE, FORMAT IN-18 JÉSUS, A 3 FR. 50 LE VOL.

About (Edmond). L'Alsace. 1 vol. —Causeries. 2 vol. — La Grèce contemporaine. 1 vol. — Le progrès. 1 vol. — Le turco. 1 vol. — Madelon. 1 vol. — Théâtre impossible. 1 vol. — A B C du travailleur. 1 vol. — Les mariages de province. 1 vol. — Le mari imprévu. 1 vol. — Les vacances de la comtesse. 1 vol. — Le marquis de Lanrose. 1 vol. — Le fellah. 1 vol. — L'infâme. 1 vol. — Salons de 1864 et de 1866. 2 vol.

Albert (Paul). Chefs-d'œuvre de tous les temps et de tous les pays : la poésie. 1 vol. ; la prose, 1 vol. — La littérature française, des origines à la fin du XVIIIe siècle. 5 vol. Variétés littéraires. 1 vol.

Barrau. Histoire de la Révolution française. 1 vol.

Baudrillart. Economie politique populaire. 1 vol.

Berger. Histoire de l'éloquence latine. 2 vol.

Bersot. Mesmer et le magnétisme animal. 1 vol. — Etudes et discours (1868-1878). 1 vol.

Boissier. Cicéron. 1 vol. — La religion romaine. 2 vol. — Promenades archéologiques. 1 vol.

Bréal. Quelques mots sur l'instruction. 1 vol.

Byron (Lord). Œuvres. Trad. D. Laroche. 4 vol.

Caro. Etudes morales. 2 vol. — L'idée de Dieu. 1 vol. — Le matérialisme et la science. 1 vol. — Les jours d'épreuve. 1 vol. — Le pessimisme. 1 vol. La philosophie de Gœthe. 1 vol.

Cervantès. Don Quichotte, trad. Viardot. 2 vol.

Chateaubriand. Le génie du christianisme. 1 vol. — Les martyrs et le dernier des Abencerrages. 1 vol. — Atala, René, les Natchez. 1 vol.

Cherbuliez (Victor). Le comte Kostia. 1 v. — Paule Méré. 1 vol. — Roman d'une honnête femme. 1 vol. — Prosper Randoce. 1 vol. — L'aventure de Ladislas Bolski. 1 vol. — La revanche de Joseph Noirel. 1 vol. — Meta Holdenis. 1 vol. — Miss Rovel. 1 vol. — Le fiancé de Mlle Saint-Maur. 1 vol. Samuel Brohl et Cie. 1 vol. — L'idée de Jean Téterol. 1 vol. — Amours fragiles. 1 vol. — Etudes de littérature et d'art. 1 vol. — Le grand œuvre. 1 vol. — L'Espagne politique. 1 vol.

Dante. La divine comédie, trad. Fiorentino. 1 vol.

Deschanel (Em.). Etudes sur Aristophane. 1 vol.

Despois (D.). Le théâtre sous Louis XIV. 1 vol.

Du Camp (Maxime). Paris, ses organes, ses fonctions, sa vie. 6 vol. — Souvenirs de l'année 1848. 1 vol. — Histoire et critique. 1 vol.

Duruy. Introduction à l'histoire de France. 1 vol.

Duval (Jules). Notre planète. 1 vol.

Ferry (Gabriel). Le coureur des bois. 2 vol. — Costal l'Indien. 1 vol.

Figuier (Louis). Histoire du merveilleux. 4 vol. — L'alchimie. 1 vol. — L'année scientifique (1856-1880). 25 vol. — Le lendemain de la mort. 1 vol. — Savants illustres de l'antiquité. 2 vol.

Flammarion (C.). Contemplations scientifiques. 1 v.

Fléchier. Les grands jours d'Auvergne. 1 vol.

Fouillée. L'idée moderne du droit en France. 1 vol.

Fustel de Coulanges. La cité antique. 1 vol.

Garnier (Ad.). Traité des facultés de l'âme. 3 vol.

Garnier (Ch.). A travers les arts. 1 vol.

Girard (J.). Etudes sur l'éloquence attique. 1 v.

Gréard. De la morale de Plutarque. 1 vol.

Guizot (F.). Un projet de mariage royal. 1 vol. — Le duc de Broglie. 1 vol.

Hauréau (B.). Bernard Délicieux. 1 vol.

Hillern (Mme de). La Fille au Vautour. 1 vol.

Hugo (Victor). Odes et ballades. 1 vol. — Orientales, Feuilles d'automne, Chants du crépuscule. 1 vol. — Les voix intérieures, les rayons et les ombres. 1 vol. — Les contemplations. 2 vol. — Légende des siècles. 1 vol. — L'année terrible. 1 vol. — Les chansons des rues et des bois. 1 vol. — Théâtre. 4 vol. — Notre-Dame de Paris. 2 vol. — Bug-Jargal. 1 vol. — Han d'Islande. 2 vol. — Les misérables. 5 vol. — Les travailleurs de la mer. 2 vol. — Le Rhin. 3 vol. — Littérature et philosophie. 2 vol. — William Shakespeare. 1 vol.

Ideville (d'). Journal d'un diplomate. 3 vol.

Jacqmin. Les chemins de fer en 1870-71. 1 vol.

Jouffroy. Cours de droit naturel. 3 vol. — Cours d'esthétique. 1 vol. — Mélanges philosophiques. 1 v. — Nouveaux mélanges philosophiques. 1 vol.

Jurien de la Gravière (L'amiral). Souvenirs d'un amiral. 2 vol. — La marine d'autrefois. 1 vol. — La marine d'aujourd'hui. 1 vol.

Lamartine (A. de). Méditations poétiques. 2 vol. — Harmonies poétiques. 1 vol. — Recueillements poétiques. 1 vol. — Jocelyn. 1 vol. — La chute d'un ange. 1 vol. — Voyage en Orient. 2 vol. — Confidences. 1 vol. — Nouvelles confidences. 1 vol. — Lectures pour tous. 1 vol. — Souvenirs et portraits. 3 vol. — Le manuscrit de ma mère. 1 vol. — Histoire des Girondins. 6 vol. — Histoire de la Restauration. 8 vol.

Laugel. Discours et écrits politiques. 1 vol. — L'Angleterre politique et sociale. 1 vol.

Laveley. Etudes et essais. 1 vol. — La Prusse. 2 vol.

Leo Childe. Le général Lee. 1 vol.

Lehugeur. La chanson de Roland. 1 vol.

Lenient. La satire en France. 2 vol.

Malherbe. Œuvres poétiques. 1 vol.

Marmier (Xavier). Gazida. 1 vol. — Hélène et Suzanne. 1 vol. — Histoire d'un pauvre musicien. 1 vol. — Le roman d'un héritier. 1 vol. — Les fiancés du Spitzberg. 1 vol. — Mémoires d'un orphelin. 1 vol. — Sous les sapins. 1 vol. — La recherche de l'idéal. 1 vol. — Les hasards de la vie. 1 vol. — En Alsace. 1 v. — Robert-Bruce. 1 vol. — Les âmes en peine. 1 v. — Voyages. 4 v.

Martha. Les moralistes sous l'empire romain. 1 vol. — Le poème de Lucrèce. 1 vol.

Maunoir et Duveyrier. L'Année géographique (1870-1873). 3 vol.

Michelet. L'insecte. 1 vol. — L'oiseau. 1 vol.

Montégut. Tableaux de la France : Bourgogne, Bourbonnais, Forez et Auvergne. 3 vol.

Nisard. Les poètes latins de la décadence. 2 vol.

Ossian. Poèmes gaéliques. 1 vol.

Patin. Etudes sur les tragiques grecs. 4 vol. — Etudes sur la poésie latine. 2 vol.

Prévost-Paradol. Etudes sur les moralistes français. 1 vol. — Essai sur l'histoire universelle. 2 v.

Saint-Simon. Mémoires et Table. 21 vol.

Sainte-Beuve. Port-Royal. 7 vol.

Saintine (X.-B.). Le chemin des écoliers. 1 vol. — Picciola. 1 vol. — Seul! 1 vol.

Sévigné (Mme de). Lettres. 8 vol.

Shakespeare. Œuvres, traduction Montégut. 10 v.

Simon (Jules). La liberté politique. 1 vol. — La liberté civile. 1 vol. — La liberté de conscience. 1 v. — La religion naturelle. 1 vol. — Le devoir. 1 vol. — L'ouvrière. 1 vol. — L'école. 1 vol. — La réforme de l'enseignement. 1 vol.

Simonin. Le monde américain. 1 vol. — Les grands ports de commerce de la France. 1 vol.

Taine (H.). Essai sur Tite Live. 1 vol. — Essais de critique et d'histoire. 1 vol. — Nouveaux essais. 1 vol. — Histoire de la littérature anglaise. 5 vol. — La Fontaine et ses fables. 1 vol. — Les philosophes français au XIXe siècle. 1 vol. — Voyage aux Pyrénées. 1 v. — M. Graindorge. 1 vol. — Notes sur l'Angleterre. 1 vol. — Un séjour en France de 1792 à 1795. 1 vol. — Voyage en Italie. 2 vol.

Topffer (R.). Nouvelles genevoises. 1 vol. — Rosa et Gertrude. 1 vol. — Le presbytère. 1 vol.

Traductions des chefs-d'œuvre des littératures grecque et latine. 37 vol.

Villehardouin. Conquête de Constantinople. 1 vol.

Vivien de Saint-Martin. L'année géographique. 14 années (1863-1875). 15 vol.

Wallon. Vie de N.-S. Jésus-Christ. 1 vol. — La sainte Bible. 2 vol. — La Terreur. 2 vol. — Jeanne d'Arc. 2 vol.

Wey (Francis). Dick Moon. 1 vol. — Les Anglais chez eux. 1 vol. — Petits romans. 1 vol. — Chronique du siège de Paris. 1 vol.